閱讀的鏡像

季 進 著

現代文學研究叢刊

文史哲出版社印行

國家圖書館出版品預行編目資料

閱讀的鏡像 / 季進著. -- 初版 -- 臺北市：
　　文史哲,97.11
　　　面：　公分. -- (現代文學研究叢刊 ;34)
　　ISBN 978-957-549-826-9(平裝)

　　1.中國文學 – 現代（1900–　　）,

820.98　　　　　　　　　　　　　97023753

現代文學研究叢刊　　34

閱 讀 的 鏡 像

著　　者：季　　　　　　　　進
出 版 者：文　史　哲　出　版　社
　　　　　http://www.lapen.com.tw
　　　　　e-mail：lapen@ms74.hinet.net
登記證字號：行政院新聞局版臺業字五三三七號
發 行 人：彭　　　正　　　　　雄
發 行 所：文　史　哲　出　版　社
印 刷 者：文　史　哲　出　版　社
　　　　　臺北市羅斯福路一段七十二巷四號
　　　　　郵政劃撥帳號：一六一八〇一七五
　　　　　電話886-2-23511028 ・傳真886-2-23965656

實價新臺幣三五〇元

中華民國九十七年（2008）十一月初版

閱 讀 的 鏡 像

目　次

輯　一

「對權勢說眞話的人」

　　薩依德（Edward Said，1935～2003）是當今國際知名的文化批評家。他 1935 年出生於耶路撒冷，1950 年代赴美國求學，1964年以《康拉德與自傳小說》獲哈佛大學博士學位，此後一直在哥倫比亞大學講授英美文學與比較文學。然而他的著作更多地聚焦於政治觀察與文化批判，出版了《東方學：西方對於東方的觀念》、《巴勒斯坦問題》、《報導伊斯蘭》、《文化與帝國主義》、《流離失所的政治》等一系列著作，被稱爲「當今美國最傑出的文化批評家」。同時，他又以知識份子的身份直接投身於巴勒斯坦解放運動，成爲美國最具爭議性的學院人士。

　　無論是他的學術著述，還是政治參與，其實都貫穿著一個中心議題，即知識份子問題，他在許多文章及場合都對知識份子話題表示了極大的關切。出版於 1994 年的《知識份子論》（*Representations of the Intellectual*）對此問題作了最爲集中而深入的闡述。這本書原來是 1993 年薩依德應英國廣播公司之邀發表的瑞思系列演講，它沒有了高頭講章的一本正經，卻多了些薩依德獨具個性的暢所欲言。全書所涉及和討論的知識份子的角色、知識與權力的關係、再現的政治與倫理、人文主義的關懷、反對雙重標準、堅持批判立場、強調文本與語境的關係等等，不但是薩依德關於知識份子的論述，也是來自第三世界的薩依德自己作爲知識份子的獨特感受。對於薩依德來說，知識份子的重任就是

「努力破除限制人類思想和溝通的刻板印象（stereotypes）和化約式的類別（reductive categories）」，不管個別知識份子的政黨隸屬、國家背景如何，「都要固守有關人類苦難和迫害的真理標準」。知識份子就是要從種種壓力下尋求相對的自由，他應該始終秉持「一種反對的精神（a spirit in opposition），而不是調適（accommodation）的精神」。知識份子應該扮演的是質疑而不是顧問的角色，對於權威與傳統應該存疑，甚至以懷疑的眼光看待。換言之，知識份子應該是特立獨行，甘於寂寞，秉持獨立判斷及道德良知，不攀權附勢，不熱中名利，勇於表達一己之見，充當弱勢者的喉舌，保持批判意識，反對雙重標準及偶像崇拜。從這個意義上，薩依德把知識份子稱爲「對權勢說真話的人」。

尤其令人感佩的是，薩依德自己就是一個特立獨行、勇敢無畏的知識份子，顯示出偉大的人格力量。一方面，他始終堅持批判立場，認爲「批評必須把自己設想成爲了提升生命，本質上反對一切形式的暴政、宰製、虐待；批評的社會目標是爲了促進人類自由而產生的非強制性的知識」（《世界‧文本‧批評家》），強調「對立」、「對抗」、「對位」，《東方學》等著作就是批判西方主流的學術與媒體對所謂「東方」的錯誤呈現，以至薩依德被不少西方人視爲仇視西方的代表人物；另一方面，他積極投身巴勒斯坦解放運動，直言不諱地發表自己的政治見解。1993 年，阿拉法特與以色列簽署著名的「奧斯陸原則宣言」，受到普遍的讚揚，而薩依德認爲該協定漠視巴勒斯坦人的歷史與現狀，嚴重損害了巴勒斯坦人的權益，對其嚴加批評，並與阿拉法特劃清界限。薩依德本人因爲參與政治活動，多次遭到死亡威脅，可他卻無所畏懼，將生死置之度外。有一次在貝魯特露天用餐時，旁邊發生槍戰，

其他人都趕忙走避，惟獨薩依德依然談笑風生。即使是近年罹患白血病，不斷進出醫院，他也沒有停止手中的筆，依然著書立說，發揮著自己作為一個知識份子的作用與影響。

　　自從 1898 年「德雷福斯事件」之後「知識份子」（intellectual）作為一個歷史概念第一次在西方出現，關於知識份子的論述就不絕如縷。馬克斯・韋伯（Max Weber）把知識份子界定為掌握文化成果並領導某一文化共同體的群體；曼海姆（Karl Mannheim）把知識份子稱為「漫漫長夜的守更人」，他們以知識為依託，保持了對歷史和社會最為清醒的分析與判斷，認為「只有知識份子才是站在最合適的立場上來理解由社會結構、實踐和期望所決定的思想意識」；葛蘭西（Antonio Gramsci）則在其著名的《獄中劄記》中把知識份子劃分為「有機的」和「傳統的」兩類，即有鮮明的階級歸屬的體制集團內的知識份子和非體制集團內的知識份子；而福柯（Michel Foucault）則認為知識份子不能再幻想成為社會的自知先覺者，只有正視「知識／權力」複合體系在現代社會中的具體作用，進行具體而微的體制內的反體制抗爭，文化評論的工作才能產生真正的效用。可見，各路文化英豪的一個共識就是，知識份子的精神本質就在於他的「批判精神」。所謂批判又有兩個層面，一是專業層面的知識的形成與增長以批判作為自己的內驅力；二是社會層面，在各自的專業之外，為社會主持正義、傳播真理、抵抗權勢。這兩個方面顯示了知識份子存在的批判本質。然而，真正把這種批判精神與自己的生命相融合的知識份子並不多見，薩依德恰恰做到了兩者的完美融合。我們可以說，薄薄的一冊《知識份子論》凸現出薩依德特殊的經驗與立場，是薩依德用生命寫就的一部大書，也是值得我們每一個知識份子細細品讀

的經典，它會引領我們穿越當下世俗的遮蔽，尋找自己在這個社
會中的真實存在。

偉大的傳統

　　十幾年前讀夏志清那本著名的《中國現代小說史》，就知道了利維斯的大名。夏志清十分敬佩利維斯對人性的道德關懷，他的文學趣味與價值取向（包括《中國現代小說史》）都很受利維斯的影響。他對利維斯評價之高，給我留下了深刻的印象，於是心裏一直想著能拜讀利維斯，尤其是他的經典名著《偉大的傳統》。現在三聯書店終於推出了由袁偉翻譯的這本巨著，一氣讀完，竟沉緬其中，久久回不過神來，這在我理論著作的閱讀體驗中，倒是十分難得的。

　　利維斯（F.R.Leavis，1895～1978）一生都在劍橋度過，劍橋之於他就像柯尼斯堡之於康德（Immanuel Kant，1724～1804）。一次大戰中，他曾應徵入伍，在戰火硝煙中，伴隨他的是一本袖珍本彌爾頓詩集。戰後，利維斯重返劍橋，於1924年完成了博士論文，1936年成為劍橋唐甯學院院士，被聘為劍橋英文系講師。期間他最重要的一件事，就是獨立創辦了著名的文學批評雜誌《細察》（Scrutiny，1932～1953），對當時的英國文學批評產生了重大影響。詩人、批評家唐納德・大衛一度將《細察》當作聖經來讀，而利維斯則被奉為先知。利維斯的影響於此可見一斑。利維斯1962年退休後，曾任教於多所英國大學，1978年被授予榮譽勳位。1948年，利維斯出版《偉大的傳統》一書，對英國小說傳統進行全面的重估，氣勢恢宏，波瀾起伏，砥礪思想，激揚文字，

使人拍案叫絕。書前附了一張他的照片，禿頂，清瘦，手持一本書，白色的襯衫領口翻開在黑色外套上，目光深邃而堅毅，更使我心生敬意。

19世紀中葉以來，隨著資本主義物質文明的發展，一些文化精英開始反思工業文明，把「文化」從「文明」中分離出來，認為「文化」作為「整體生活方式」意味著一個比「文明的進步」更為優越的生活模式，形成了以阿諾德（Matthew Arnold）等人為代表的文化主義傳統。利維斯的文化觀念很大程度上就來自於這種文化主義。只不過利維斯在一定程度上把文化轉變為語言與文學問題，從而完成了從文化批評向文學批評的轉換。他認為，對文學藝術敏感而又有鑒別力的人是文化聖所的守護者，他們是少數人，卻保存了傳統中最不易察覺又最容易消亡的成份。文學批評就是培養「一種正確得當的差別意識」，即經典意識，從而提高普通讀者的精神格調與文學品味。在《偉大的傳統》中，獲得經典殊榮的偉大作家只有J‧奧斯丁、G‧艾略特、H‧詹姆斯、J‧康拉德和 D.H.勞倫斯等少數幾位，只有他們才構成了英國文學的「偉大的傳統」。對於利維斯來說，這個傳統既是文學的傳統，也是道德意義上的傳統。這些作家不僅是形式、手法和技巧上的創造性天才，更對道德關係和人性意識有著嚴肅的興味關懷。前者只有服務於後者才有意義，他對《愛瑪》、《米德爾馬契》、《一位女士的畫像》等文本細察式的評析無不是為了說明這一點，也因為這個原因，梅瑞狄斯、哈代等著名人物則被利維斯認為盛名之下，其實難副，頗有些「識英雄於風塵草澤之中，相騏驥於牝牡驪黃以外」（錢鍾書語）之勢。利維斯認為可貴的文學經驗對於有機的生活方式至關重要，試圖通過重塑文學傳統的道德關懷來

抵制流行文化的威脅，挽救傳統文化的衰落，甚至因此成為英國文化研究的先驅，成為理查・霍加特（Richard Hoggart）、雷蒙德・威廉斯（Raymond Williams）、E.P.湯普森（E.P. Tompson）等人最直接的思想資源。利維斯的這些思想，對於我們反思當代中國文學的道德敏感性，思考後現代語境中中國傳統文化的命運，似乎頗多啟示。

　　利維斯是 20 世紀英國文學批評史上舉足輕重的大家，他的實際影響幾乎無人可及。我在想，利維斯本人連同他那純粹的文學趣味與深切的道德關懷其實也已經成為了英國文學偉大傳統的一部分，他與「偉大的傳統」似乎有著天然的聯繫。我很喜歡「偉大的傳統」這幾個字，簡單而大氣，可又有多少作品、多少作家能配得上「偉大」二字呢？

文學的力量

　　君特‧格拉斯（Günter Grass，1927～）是 20 世紀最令人費解，也最易遭人誤解的作家之一。

　　凡是讀過他作品的人都有一種強烈的感覺，閱讀他的小說就像進入了一個亦真亦幻、似夢非夢的世界，童話、神話、傳說，歷史、現實、未來，還有荒誕不經的比目魚、母鼠、貓狗、蝸牛等等，構成了他奇幻的小說世界。對他的評論所形成的激烈對峙幾乎成為一大奇觀。德國《明鏡》週刊曾將這樣一幅剪貼照片搬上封面：德國「文學批評教皇」瑪策爾‧萊希‧拉尼茨基將格拉斯的小說《遼闊的原野》撕成了兩半。甚至有評論稱，格拉斯與其說是一位真正的文學藝術家，還不如說是「一個重要的政治懺悔者」，他的文學生命在《鐵皮鼓》之後就已衰竭。可是，1999年，瑞典諾貝爾文學獎的頒獎辭卻對他的作品給予了高度評價，認為「他總是一再地將那些公認的批評家們的標準拋在身後，自己卻在使人目瞪口呆的自由中轉向新的計畫。」從《鐵皮鼓》到《我的世紀》，以至前兩年推出再起爭議的自傳《剝洋蔥》，都「證明了文學仍然是一種力量」。

　　1998 年 6 月到 8 月，德國不萊梅廣播電臺文學部主管哈羅‧齊默爾曼與格拉斯本人先後進行了多次坦誠、真實的公開討論，並在不萊梅廣播電臺和電視一台播出，後來成書為《啟蒙的冒險》。這些訪談事先沒有刻意的安排，再加上對話體特有的魅力，

使得這本對話隨意親切，又不乏深度。格拉斯對《鐵皮鼓》、《狗年月》、《比目魚》、《母鼠》、《遼闊的草原》等作品的寫作背景、創作過程、敍述手法等都作了介紹，尤其是他對歷史的反思、對現實的關注、對人類未來的憂慮，更是讓人感受到格拉斯的深厚情懷。對於不習慣格拉斯的讀者，這本對話可以作爲解讀格拉斯奇幻想象的一把鑰匙；對於種種關於格拉斯的非議，這本對話也可以視爲一次全面的回應。

　　格拉斯的全部作品都基於這樣一種判斷：「我不把歷史進程看作是精神世界的過程，一個不斷進步的過程，而把它看作一個荒誕的、對理性嘲諷的過程。它不斷證明，我們是多麼需要從歷史中吸取教訓；它同時又證明，我們從歷史中吸取教訓時又是多麼無能爲力。」(《啓蒙的冒險》)確實，格拉斯的歷史理念令人感動。他是針對逝去的歷史在寫作，通過寫作去喚起被遺忘的歷史，因爲他知道，歷史是無法被遺忘的，它會追趕上我們，直至未來。著名的「但澤三部曲」，就描寫了德國 20 世紀 20 年代中期到 50 年代中期的歷史與現實，對德國的納粹時期進行了深刻的反思，讓人重新瞭解被謊言改變的、被意識形態蒙蔽的東西。正如格拉斯所說，它們是「充滿破碎想像與破碎形象的小說，我們時代的矛盾心理與雙重意義爲它提供了典範」。到了《比目魚》中，格拉斯更是在人類演變的範圍內虛構了理性的歷史，對一切烏托邦的對時代終結的預料進行了質疑。它用深不可測的過去的深度與同樣難以衡量的未來的前景，敍述了生命、愛情與性別的鬥爭，敍述了強烈的感性的由利益決定的權力與意識形態的過程。《母鼠》則進一步推動了「重新構建啓蒙的世界意義與人類真實的合理性的對抗遊戲。」沒有人把我們拉向地獄，人類的終結是人類一手

造成的，它不只是危險的核能對人類的毀滅，而是人類對自己生存基礎的破壞。對於格拉斯的歷史反思而言，過去、現在、未來已經失去了界限，融為一體，這就是他所謂的「第四時間」，即「過去、現在、未來」（ Vergegenkunft ）。

格拉斯在世紀末的蒼茫時分追憶消逝的歷史，「我不得不再一次地埋頭在歷史的進程、殺人的戰爭、思想的迫害的故事堆裏，把那些通常很快就會被遺忘的東西昭示於眾。」（《啓蒙的冒險》）我終於明白，格拉斯作品的震憾力量來自他的歷史憂思與獨特的洞察力，來自作品中的歷史反省和自我批判精神，在清醒的黑暗的虛構故事中展示歷史遺忘的一面。1999 年，格拉斯推出新作《我的世紀》，以「一百個人，一百個故事」的方式去見證「我的世紀」。頗具意味的是，他在此書中文版前言中發問：「爲什麼不應該有一位中國的作家也來考慮考慮這個一百個人，一百個故事的想法，根據中國的歷史經驗，把 100 年的希望和悲傷，戰爭與和平，行諸筆墨呢？」這是一個沉重而敏感的話題，也是中國作家無法迴避的話題。我們期待著一本中國的《我的世紀》，來用文學見證自己的歷史，用故事掌握自己的時代。我想，這樣的一本書，一定是可以稱爲「巨著」的。

無邊的帝國

　　好幾年前的一個夏天，在北京西郊賓館的一次比較文學會議上，來自紐約大學的張旭東博士介紹了正在西方學術界捲起思想旋風的「帝國理論」（Empire Theory），當即引起與會者的強烈反響，這是我最早聽到關於帝國理論的介紹。後來陸續看到一些相關的討論，可惜一直沒有讀到《帝國》這本書，無法置喙一詞。最近，終於讀到了中譯本，儘管譯本還有不盡如人意的地方，可畢竟爲我們提供了瞭解帝國理論的原始文本，避免了人云亦云之弊，從這個意義上說，中譯本功莫大焉。

　　《帝國 —— 全球化的政治秩序》（Empire）2000 年在美國出版，很快被譯成近二十種語言，成爲近年來西方學術思想圈最受囑目的焦點。它的作者一個是美國的麥克爾・哈特，一個是義大利的安東尼奧・奈格裏。奈格裏（Antonio Negri）是著名的政治理論與政治哲學家，1979 年義大利政府以武裝反政府恐怖組織領導人之名將其逮捕入獄，1983 年因爲當選激進黨的國會議員被釋放，但是馬上又被剝奪議會豁免權，開始長期流亡法國。在巴黎流亡 14 年後，他決定返回母國，希望以他自已的行動來解決義大利長期以來的政治犯問題。可是，事與願違，他在 1997 年 7 月再次被捕，至今還被關在羅馬的瑞比比亞監獄。哈特（Michael Hardt）是美國年輕一代的學者，任教於杜克大學文學系，是公認的德勒茲（Deleuze）專家，還花了很大的精力將義大利的政治思想介紹

到英語世界，奈格裏的有些著作也是出自他的譯筆。

　　當然，《帝國》的影響力並不是來自作者的傳奇身世，而是源自它內在的強悍的理論力量。《帝國》英文原版封底內頁的宣傳文字將這本書稱爲「新共產主義宣言」，其寫作的目的在於尋找邁向全球民主社會的另類政治典範；他們自己聲稱是共產主義份子，不是無政府主義者，希望「帝國理論」能爲我們重新描述和分析巨變中的世界提供新的理論框架，在帝國體制的構造中對眾說紛紜的全球化問題提出歷史性的解釋。

　　那麼，什麼是帝國（Empire）？

　　最簡單地說，新的全球的主權形式就是所謂的帝國。它是一個無中心、無疆界的統治機器。在其開放的、擴展的邊界當中，這一統治機器不斷加強對整個全球領域的統合。顯然，這個帝國的概念假定了一個體制，這一體制成功地包括了空間的整一性，或者說真正地統治了整個文明的世界；帝國的概念與其說它是發源於征服的歷史的政權，不如說它是一個成功地終止歷史並因此永遠固定正在存在的事態的秩序；帝國的規則操縱著世界全部的社會生活；儘管帝國的實踐不斷地沐浴在血泊之中，但帝國的概念一直是用於和平的，一種在歷史之外的永久而普遍的和平。

　　帝國理論的基本命題建立於作者對世界運作歷史邏輯轉變的分析，它從社會生產、思想與文化的不同場域來追溯由帝國主義向帝國的過渡，也就是現代向後現代的過渡，其間工業資本主義的物質性勞動，被資訊資本主義的非物質性勞動所取代；社會的管制形式由規訓社會深化爲控制社會；政治權利伸展的性質也由結構性的操作，延伸到微觀、網狀的生物權力，滲入到社會身體當中等等。作者的「帝國」概念，與承載著歷史的長期想像的「帝

國主義」是不一樣的，兩者之間既有連續性，也有斷裂性。帝國主義的基礎在於歐洲民族國家的主權論，它有相當清楚的國界或邊界，它其實就是歐洲民族國疆界的延伸；而帝國不在領土地域的層面上來建立權力中心，特別是它不以民族國家的國界爲區分，而是致力於打破疆界的壁壘，將整個地球都納入其中。對於作者來說，帝國主義已經過去了，沒有哪個國家可以以歐洲的一些國家曾經有過的方式，成爲世界的領袖。

　　當然，理論終究是理論，一旦把它置於現實的情境，總是不可避免地面臨一些尷尬。「911」前後的科索沃戰爭、阿富汗戰爭、伊拉克戰爭等等，不斷提醒我們：帝國主義並沒有結束，美國與帝國主義難解難分。這些尷尬並不意味著對於帝國理論的否定，畢竟它所指出的正在浮現的新社會邏輯，有助於思考全球化過程帶來的普遍性焦慮，爲我們提供了一套現象描繪的理論框架，將對於全球化問題本身的討論扭轉到帝國的討論，並且提出了想像性的戰略。帝國理論及其論證是相當深刻而複雜的，它的價值或許不在於它的具體結論，而在於爲我們思考全球化的進程提供了全新的可能性。

　　從現代到後現代，從帝國主義到帝國，一種全球化政治新秩序，一種新的主權形式 —— 帝國，正在我們眼前生長成形，無邊無垠，永無止境……。

英格蘭的以賽亞

1997 年 11 月 5 日，當代政治哲學家、思想史家以賽亞·伯林（Isaiah Berlin，1909～1997）因心臟病在英國牛津去世，享年88 歲。《紐約時報》在頭版報導了他的死訊，並且極不尋常地用超過一版的篇幅介紹他的生平與思想。中國的《南方週末》也異常迅速地推出了紀念專版，發表了錢永祥、朱學勤等學者的紀念文章。可是，對於當時的文化界、讀書界來說，伯林畢竟還是一個頗爲陌生的名字。這些年大陸陸續出版了伯林的《俄國思想家》、《反潮流》、《自由的兩種概念》等重要著作和論文，還出版了一本《伯林傳》，伯林的名字逐漸耳熟能詳，談論伯林、引述伯林一時間也成爲頗爲時髦的事情。我不想湊這個熱鬧，也不想追逐時髦，實在是柏林的思想和著作，有其相當獨特而耐人尋味的風格，讓我有感而發。

伯林一生著述繁多，但從沒有鴻篇巨制，伯林本人倒也不以此爲憾，因爲他無意於營造系統的理論，也沒有提出全面的學說。他不是康德、黑格爾，也不是羅爾斯或者哈貝馬斯。除了早年的少數專業性哲學文章，他幾乎沒有再脫離思想史的脈絡去抽象地談概念、建構體系。據說，現實生活中的伯林就是個特別多話、近乎喋喋不休的人，從大學時代開始就以擅長聊天出名，而且語速快得驚人。1957 年，英國王室授予伯林勳爵頭銜，他的一位女友甚至寫信諷刺說，這個爵位是爲了表彰他「對於談話的貢獻」。

姑且不論伯林的其他著作，這本《伯林談話錄》(*Conversations with Isaiah Berlin*) 倒是最好地顯示了伯林「聊天」的特長，複雜博學，滔滔不絕，深入淺出，引人入勝，而且充滿智慧與溫情。對於不同時代、不同環境中的人物思想的觀察、理解，總是在廣徵博引之後將自己的觀點娓娓道來，犀利的分析與溫和的褒貶相得益彰，餘韻深沉。這些既是談話體的優長，更是伯林的獨特風格，給讀者留下了強烈的印象，也部分說明了他的著作為什麼對於許多人別具魅力。

現在提到柏林，大家首先會想到的，大概就是有關「積極自由」與「消極自由」的分辨。從柏林的解說來看，消極自由，指的是「免於強制」的自由 (freedom from something)，它是為了回答這樣的問題，即：「在何種範圍之內，一個人可以而且應當被容許按照他自己的願望行事而不受別人的干涉？」而積極自由，指的則是「去做某些事」的自由 (freedom to something)，它則是為了回答另一個問題，即：「誰有權強制別人去做在他、而不是在當事者本人看來是正確的事？」對於伯林來說，混淆消極自由與積極自由兩種概念，或者是否認消極自由、以積極自由取而代之，其實正是造成極權主義以自由之名行專制之實的基本理論依據。

作為一個自由主義思想家，伯林反對把任何一種價值絕對化。伯林深知，由於人類追求的價值目標是多種多樣的，而這些多種多樣的目標並非總是和諧一致、互相包容，所以，我們永遠無法完全排除在人類社會中發生衝突和悲劇的可能性，因此，我們永遠需要在各種不同的價值目標之間進行選擇，加以權衡。伯林說，如果有人真的以為可能有一種包醫百病、一勞永逸的解決方案，那麼他就很容易認為，為了實現這種方案，什麼代價都是

值得付出的。正是從這種思想出發，伯林對二十世紀氾濫一時的極權主義和烏托邦進行了深刻的剖析與批評，指出極權主義和烏托邦不論看上去多麼美好，但一旦付諸實踐，最終導致的只能是殘酷血腥和自由的毀滅。

伯林是自由主義和多元主義的堅定鼓吹者，價值多元論也就成為伯林思想的核心。伯林深信，人類所追求的目標和價值紛繁複雜，根本無法形成一個高下各有定位的層級體系，也缺乏一個可以共量的尺度。價值衝突不僅在團體之間與個人之間存在，在各個人內心也會爆發。因此，即使是平常人的日常生活，也註定充滿著疑惑、將就、矛盾、不安與永遠遊移無定的嚮往。人類無法忍受這種不確定的存在，於是產生了對於一元論體系的渴求。彌漫於西方兩千多年的思想傳統，基本上都是一元取向的。伯林終生的批判目的，正是隱藏於「積極自由」說詞背後的整體一元傾向，希望籍價值多元論為混亂的世界帶來理智。

身為哈佛大學歷史學博士的伊格納蒂夫（Michael Ignatieff）在《伯林傳》中寫道，他曾問伯林為什麼活得如此安詳愉快，伯林回答說，他的愉快來自淺薄：「別人不曉得我總是活在表面上。」似乎是為了證明這一點，伯林在《談話錄》中，一方面討論兩種自由、價值多元論，討論馬克思、霍布斯、赫爾德、赫爾岑，一方面又不斷深情地回憶自己的個人經歷，回憶他的一些朋友，如W·H·奧登、大衛·塞西爾、布倫德爾、斯彭德，尤其是他與阿赫馬托娃、帕斯捷爾納克的傳奇友誼，還有他對音樂與文學的永恆激情。可是，仔細讀下去，貫穿始終的還是伯林鮮明的問題意識與價值關懷，這使得這本《談話錄》成為我們理解與闡發伯林的重要思想資源。正如作者在序言中所說，「他在著作中的論述和洞

見有助於我們對形成當代史的各種事件和概念樹立一種富有批判性的看法。……他的牛津哲學背景，他的思想的明亮清晰，他對晦澀術語的極端疏遠，使他成爲當代英國哲學的一個真正的代表。」

氣味・欲望・罪惡

　　當今法國是一個如夢似幻的時尚世界，這個世界的主流文化就是以 Chanel、Christian Dior、女性、時裝、香水爲核心的時尚文化，尤其是香水，幾乎成爲巴黎的同義詞。可是，18 世紀的巴黎卻彌漫著現代人難以想像的臭氣。街道散發出糞便的臭氣，屋子後院散發著尿臭，房間裏散發著黴臭的氣味，屠宰場裏飄出血腥臭味，甚至國王的身上也散發出刺鼻的臭氣……。

　　讓—巴蒂斯特·格雷諾耶，《香水》（*Perfume*）中惡魔般傳奇式的主人公，就出生在世界上最臭的地方巴黎，出生在垃圾、糞便和腐物的包圍之中。他沒有正常人的體味，在沒有愛的情況下，依靠倔強和厭惡的力量才得以生存。他身材矮小，背呈弓狀，瘸腿，而且醜陋，沒有人與他交往，從裏到外是個可憎的怪物。可是，上天卻賦予他特殊的超人嗅覺，他的記憶中擁有數不清的氣味，他認識世界的方式不是通過文字，也不是通過圖像，而是通過氣味。氣味成爲他認識世界的唯一途徑，也是最有效的方式。他曾穴居深山七年，遍嘗大自然各種奇香異味，並與種種人體氣味比較，終於領悟出唯有少女體香才是世間最獨特的香氣。在那個臭氣熏天的環境中，他瘋狂地迷上了女人的香氣。這香味裏魔幻般地包含了構成一種巨大芳香、一種香水的一切：柔和，力量，持久，多樣，驚人的、具有巨大誘惑力的美。

　　他從此知道了自己的生活的意義與使命，從此明白了他爲什

麼如此堅忍不拔和艱苦地活著。他必須做個芳香的創造者，而且是一切時代的最偉大的香水製造者。他要成為淩駕於現實之上的全能的芳香上帝。他知道，他完全能做到這一點。因為人們可以在偉大、恐怖和美麗面前閉起眼睛，對於優美旋律和迷人話語也可以充耳不聞，但是他們不能擺脫氣味，因為氣味是呼吸的兄弟，他們只要生存，就無法抵禦。氣味深入到人們心中，在那裏把愛慕和鄙視、厭惡和興致、愛和恨區別開來。誰掌握了氣味，誰就掌握了人們的心。

　　對少女體香的瘋狂迷戀，促使他一次又一次地揮動起手中的棍棒，一連奪走了 25 個少女的生命，並且從容不迫地用精絕的技術提取出少女的體香，用少女純美的生命製成了絕世神奇的香水。每一次的行兇，他絲毫沒有罪惡感，他沒有起碼的道德感，他唯一的欲望只是收集她們的香氣。這些剛剛開放的少女所散發出的奇異香氣，伴隨著死亡的到來達到了令人窒息的程度。他謀殺了這些少女，只是迷戀少女身上的香味。對他來說，每一次謀殺幾乎都是一場戀愛，對純粹香味的戀愛，他對少女香氣的期待、想像和迷戀，完全超過了熱戀中的戀人。這些少女生命與體香所製造出來香水，不僅是人的，而且是超人的芳香，一種天使的芳香，妙得難以用文字形容，充滿活力，誰聞到這香味就會入迷，必定會從心底裏愛上他，格雷諾耶，這香味的載體。在格雷諾耶終於被抓獲、即將行刑的時刻，這本詭異的小說終於迎來了它驚心動魄的高潮。當充滿仇恨的群眾聚集到刑場時，格雷諾耶悄悄地釋放出了一點他製造的神奇香氣。頓時，整個刑場變成盛大的狂歡節，男人們與女人在香氣的誘惑下，突然放棄了所有的道德觀念，陷入了一種縱欲的迷狂狀態。而格雷諾耶則用世界上最可

愛、最迷人的微笑注視著這一切，微笑的背後是勝利的得意和對人類全部的憎恨。……

有人說，這本小說有著象格雷諾耶神奇香水那樣的魔力，讓你沉醉其中而不能自拔，以致於漸漸忘記了血腥的謀殺事件，甚至覺得自己喜歡上了那種既恐怖又糜爛的氣息。在每一滴香水後面，可能都隱藏著一個美麗少女的生命，隱藏著一種奇異的味道。閱讀《香水》最佳的方式，可能也只有用嗅覺，展開嗅覺的翅膀，在氣味紛呈而潮濕黑暗的空間中，自由想像。在這裏，你可以嗅到 18 世紀的巴黎的味道，嗅到少女身上的醇香，嗅到罪惡與美麗的融合，甚至還有掩藏於每個人心中無言燥動的欲望。有意思的是，這部頗爲詭異的小說，在創作手法上卻顯得有些「因循守舊」，採用了頗爲傳統的結構佈局和敘述語言。可是，作者憑籍他超人的想像力，以純熟的技巧，虛構的力量，將一個不可能的故事敘述得有聲有色，生氣勃勃，充分顯示了傳統敘述技巧的表現力與生命力。這對於迷信敘述形式創新的人來說，是頗有些警示意義的。

我知道莫言、李銳等當代著名作家都特別欣賞這部小說。莫言說過，「我喜歡閱讀那些有氣味的小說。我認爲有氣味的小說是好的小說，有自己獨特氣味的小說是最好的小說。能讓自己的書充滿氣味的作家是好的作家，能讓自己的書充滿獨特氣味的作家是最好的作家。」我想，他心目中「最好的小說」和「最好的作家」顯然包括了《香水》及其創造者、當代德國著名作家派翠克・聚斯金德（Patrick Süskind，1949～）。

重讀加繆

　　我知道很多人都喜歡加繆（Albert Camus，1913～1960），喜歡加繆的《鼠疫》（*The Plague*）、《局外人》（*The Outsider*），還有《西西弗神話》（*The Myth of Sisyphus*），可是，絕對沒有人會想到《鼠疫》中的情形有一天竟會悄無聲息地來到我們身邊。非典以一種歷史的神奇，將小說的虛幻不可思議地變成了現實，我們彷彿置身於法屬阿爾及利亞的海濱城市阿赫蘭，來到了裏厄醫生的身邊，與他們一起感受，一起呼吸，一起開始了與命運的抗爭。正是非典讓我更深刻地理解了一個寓言，讓我對加繆生出了別樣的感喟，我覺得不管用什麼標題都無法表達我重讀《鼠疫》的感受，不如直接寫下「重讀加繆」四個字，簡單的字句也許會有更大的包容性。

　　1942 年，加繆因肺病復發，從炎熱的阿赫蘭轉移到法國南部山區帕納裏埃療養，不久英美盟軍在阿爾及利亞登陸，德軍進佔法國南方，加繆一時與家人音訊斷絕，焦慮不安，孤單寂寞。1941年到 1942 年，阿爾及利亞正是瘟疫流行。這使得加繆自然而然地把戰爭、法西斯、狐獨和可怕的瘟疫聯繫在了一起，開始蘊釀《鼠疫》的創作。對於加繆來說，法西斯強權就象瘟疫正在肆虐全歐，德占區的法國人民就像歐洲中世紀鼠疫流行期間一樣，長期過著與外界隔絕的囚禁生活，不但隨時面臨死神的威脅，而且日夜忍受著生離死別的折磨。阿赫蘭城，正是納粹陰影籠罩下的歐洲的

真實寫照，城裏的人們面臨災難時的恐懼、焦慮、掙紮和抗爭，就象加繆自己所說，正象徵著「歐洲對納粹主義的抵抗鬥爭」。一方面他以真實的細節描繪出一個鼠疫橫行、一片恐怖的阿赫蘭城，另一方面他又賦予小說鮮明的歷史指向，阿赫蘭城正是德國佔領時期法蘭西的縮影，代表著人類人性力量對邪惡勢力的殊死博殺。

　　此前的 1941 年，加繆剛剛完成他的哲學隨筆《西西弗神話》，這也直接影響了《鼠疫》的創作。鼠疫流行的阿赫蘭，其實也是現代人荒誕無望的生存困境的寓意式寫照。這種荒誕不是乾巴巴的哲學概念，而是一種狀態，一種世界秩序的表現形態。加繆不僅確認這種荒誕的事實，而且要從荒誕出發，以自己的行動，超越荒誕。發現荒誕並不是目的，更主要的是要反抗荒誕。經過二次大戰，加繆認識到，「為精神痛苦而泣是徒勞無益的，必須為它而奮鬥。」

　　《鼠疫》中的人物都是在偶然的瞬間被投入到這個不隨人意、不由人主的世界上，他們突然在某一天陷入鼠疫蔓延的孤城，並不是憑他們的自由選擇就可以避免的。海德格爾說，「我們是一些無望的、偶然的生物，被扔在一個沒有我們也必然存在的世界上。」李白《上雲樂》也說，「女媧戲黃土，摶作愚下人，散在六合間，濛濛若沙塵」。人之生世彷彿隨風拋擲，即使處身於人海之中，也是群居而心孤，聚處仍若索居，同行也成孤往，好像始終隻身處在莽蒼大野之中，這是一種何等深沉哀怨的人生境遇。

　　《局外人》的主人公莫爾索面對孤立無援的荒謬世界，是冷淡漠然，麻木不仁；而《鼠疫》的主人公里厄醫生卻是面對災難，奮起反抗，最典型地體現了加繆讚賞的西西弗的精神。西西弗的

偉大在於，他明明知道巨石總會從山頂不斷滾下，但他仍然邁著沉重而堅定的步伐走下山來重新開始。里厄的偉大也在於，他明明知道面對鼠疫，他的努力也許徒勞無力，也許註定失敗，但這並沒有成為他停止反抗的理由，依然全身心地撲到了反抗鼠疫的行動之中，因為他知道，習慣於絕望的處境比絕望的處境本身還要糟。里厄醫生，以自己的行動，抗擊災難，實現了真正的生命力的發揮，他的人生是真正的人生，充實的人生，也是西西弗式的人生。里厄醫生只是一名普通的醫生，可是卻也是一位西西弗式的英雄。

在災難面前，有的人聽天由命，漠然處之，有的人設法逃避，苟且偷生，有的人處心積慮大發瘟疫財，販賣劣質藥品從中牟利，也有人貪生怕死，見死不救……，可是阿赫蘭城裏，更多的還是里厄醫生、青年塔魯、記者朗貝爾、神甫帕納魯，還有老醫生卡斯特爾這樣的普通市民，他們聚成了抗擊命運的洪流。也許每個人的觀點不同，出發點不同，但是反抗的目的是一致的，那就是做一個真正的人，恢復人的尊嚴和價值，正是從他們身上，里厄醫生發現「在人的身上，值得讚賞的東西總是多於應該蔑視的東西。」他們有過孤獨作戰的寂寞，有過失去親人的痛苦，有過遭人誤解的苦澀，但是為了他們所愛的人類，他們忍受了一切。唯一不能忍受的是無辜生命的慘遭殺戮。當里厄目睹好友塔魯被鼠疫吞噬，自己卻無計可施時，無奈的淚水從他臉上悄悄地滑落。從里厄醫生和這些普通市民身上，我們感受到加繆的思想深處博動著一種仁愛的精神，一種人道主義情懷，我們可以聽到加繆反抗的吶喊，還有對正義和美好、自由和幸福的呼喚。

我們也羞愧地發現，《鼠疫》中的恐懼、愚昧、畏縮，還有醜

惡，竟然也在今天的非典時期重演，有人蓄意欺瞞，有人怠忽職守，有人趁火打劫，歷史的驚人相似和簡單重複有時真的令人悲哀。幸好，我們身邊也更多的是鐘南山、蔣彥勇、鄧練賢、葉欣……，正是千千萬萬個當代的里厄醫生，才使我們不至於失去對人類的信心，才使我們再一次感受到，只有仁愛才是我們度過災難的永遠的憑依。人類歷史的發展從遠古到現代，從蒙昧到文明，經歷了無數的磨難和挫折，遭遇了無數的重大災難，面對災難和恐懼，總有一種信念支撐著人類的希望，那就是愛，愛使人們勇於承擔，勇於奉獻，反抗死，爭取生，一步一步邁向美好的未來。非典災難清洗了生活表層上一些過於膨脹和糜爛的欲望，人們再次意識到生命的可貴，生活的真義彷彿開始重新浮現。

《鼠疫》是一部小說，更是一個預言。小說的結尾，里厄醫生登上高山，眺望整個阿赫蘭城，他深切地意識到，人類的威脅始終存在，「鼠疫桿菌永遠不會死絕，也不會消失，它們能在傢俱、衣被中存活幾十年；在房間、地窖、旅行箱、手帕和廢紙裏耐心等待。也許有一天，鼠疫會再度喚醒它的鼠群，讓他們葬身於某座幸福的城市，使人們再罹禍患，重新吸取教訓。」這是指鼠疫，更是指人類的災難，「鼠疫」已成為我們曾經面對、我們現在正在經歷，將來我們仍無法倖免的人類災難的象徵。我想，正是從這個意義上說，我們可以把《鼠疫》稱之為一部悲愴而崇高的人類史詩。

爲生存而表述

奧斯維辛後再寫詩是野蠻的，這是二戰後阿多諾（Theodor W. Adorno，1903～1969）留下的傳世名言。

的確，在慘絕人寰的大屠殺後，誰還能心安理得地呼喚繆司女神、觸碰文學高堂？作爲奧斯維辛的倖存者，尤其作爲一名作家，往日的經歷總是如夢魘一般纏身，揮之不去。有過集中營經歷的艾默里（Jean Amery）曾說過，誰在集中營裏經歷了極度的羞辱和自我折磨，誰就再也擺脫不了被折磨者的存在。同樣在集中營呆過的義大利作家普裏默·列維（Primo Levi）和德語作家保爾·策蘭（Paul Chelan），包括艾默里本人，最後都選擇了自殺，也許就是無法承受夢魘之重，不得不以此作爲最終的逃避？

而凱爾泰斯（Kertész Imre，1929～）堅持下來了，他幾乎是唯一一個在寫作中找到平衡的集中營作家。爲什麼？凱爾泰斯曾說，「對我來說 —— 作爲一個猶太人 —— 首先就要接受這個民族一次又一次遭遇的道德挑戰。大屠殺無疑創造了一種文化，這種文化的目標必定是通過心靈之旅來彌補不可能彌補的生活現實 —— 達到所謂精神上的淨化。在我的創作生涯中，正是這種欲望激發了我的靈感。」凱爾泰斯並不認爲自己是在創作文學，而是爲了生存而寫作，爲了生存而表述。正是在寫作中，他獲得了重生。

在《無形的命運中》，凱爾泰斯得出的結論是：生存就是適應、屈從。被關進集中營，在別人認爲這是厄運降臨的時候，

克韋什以自己的天真無知泰然地接受了一切。如何過日子？他回答：「一步一步就過去了」，既然無法抗拒那就順應它吧。他一方面憑藉自己對周圍環境及事務的漠然與疏遠，另一方面以極端的理想主義做自我分析和思考，找到了自己的生存空間。根據作者自己的解釋，他對集中營的描寫與其說是寫了一場災難，不如說是爲了逃避災難 —— 他總是想遠遠地離開這場災難，直到與它非常的疏遠，直到它可以成爲一種藝術素材。

到了《英國旗》，凱爾泰斯再次表述了「生存就是屈從」，但也已流露出屈從後面的抗爭。他以哲學的思維方式，通過沉重、晦澀、複雜的字句表達了對專制統治的憤懣和鞭撻，對自由民主的渴望和追求。

主人公「我」在一群朋友的多次鼓動下表述了「英國旗」的故事。在專制統治下，作者表達爲了生存「無法用語言表述」和想「用語言表述」的矛盾。「總是以無法用語言表述的無奈與想用語言表述的希望相較量（當然，這一切毫無疑問都是徒勞的）。不，在那個地方，在那個時候，這種想用語言表述的希望恰恰導向了一個目的，就是要將那種無法用語言表述的無奈（或者說要將其生命的本質）隱在朦朧之中，就是要將那條在黑暗中躑躅、在黑暗中摸索、並拖著黑暗之沉重的生命隱在朦朧之中。因爲，這個年輕人（我）只有這樣才能夠生存下去。」

在瀰漫著死亡威脅的編輯部裏，書中的「我」渴望自由，而它只隱藏在「我不用‘肉票’就可以買到的炸肉排裏」。「我」強烈地感受到，「在這個世界裏，每個人都是殺人犯」，「在那個世界裏根本就不存在一絲一毫的公正」。昨天還是令人尊敬、讓人畏懼、受人奉承的頂頭上司，今天就會被人斥爲「狗一樣的禽獸」，

而那輛黑色的轎車，可以隨時隨地地將任何人拉走。隨意的逮捕迫害，野蠻專制，彷彿剛從納粹集中營的深淵走出來，又落入另一個不自由不民主摧殘人性的火坑。這個城市就像一個巨大的監獄，每個人都是這座監獄裏的囚徒，只不過是被視為「無期假釋」而已。人們在當年戰爭廢墟的瓦礫場上，重新建起了一片「和平廢墟」。既是廢墟。那麼所謂的和平、民主、自由只能是幻像而已。

「我曾是塞樸‧耶努」的自我介紹，使「我」認識了「不幸的時代」的「不幸的精英群體」中的一員。自由的剝奪、人員的隨意逮捕清洗、財產的國有化使我意識到現實的過於沉重。現實中的塞樸‧耶努只不過是一個「曾經的塞樸‧耶努」而已，通過他，進而達到了對「現實中的自己」的否定〉。「也許，一個無須表述、已啞然逝去了的生活本身，就是一種表述。」正如《筆錄》結尾寫到：「雖然，看上去我是在乘著火車旅行，但是列車上所運載的卻是一具屍體。我已經死了。」對現實的「自我否定」，從另一方面證明瞭「自我的存在」。

為了生存，為了擺脫生活的沉重，「我」寄託於書籍和音樂。「我想，與其說是我獲取了生活的體驗，倒不如這樣說：是這種生活，教我學會了在後來不幸歲月中借助書籍與音樂稍減自己痛苦的生活。」命運的變幻無常、隨意的轉換、隨意的毀滅，同時又維持著彼此的平衡。這種生活總能提供某種形式的表述。一個人要在這種生活裏生存，才能夠創作，才能夠表述。象徵著自由的藍白紅三色英國旗，隨著吉普車駛入蘇軍血腥鎮壓的廣場，人們的掌聲由稀到密，表達出對自由的渴望，車內人的手勢由猶豫不決、欲伸還縮到揮擺起來，給人們帶來了自由的希望，使人們在黑暗中看到了光明。

　　凱爾泰斯的作品常常採用隱喻的手法，不太好讀，但是那種極度痛苦給人帶來的麻木，卻是極具震撼力的。刻骨銘心的記憶深深融進了作者的創作，作品中常出現作者本人的影子，集中營給許多人帶來的是厄運和絕望，給凱爾泰斯留下的卻是愛和感激。苦難的經歷使凱爾泰斯懂得，只有活下去，才能表述自己。憑著這個，凱爾泰斯不但活著走出了集中營，而且在以後漫長的幾十年中，即使貧病交加，他都始終沒有放棄希望，沒有放棄對愛的信念。正如他在諾貝爾文學獎獲獎致辭中說的：愛是人類最高境界，它存在於人類的精神國度，只有那些擁有愛，懂得愛的人才真正地活著。也只有懂得愛的人才有勇氣面對人生中的巨大不幸，並在這種不幸中發現屬於生命本身的快樂。

文學的煉金術士

　　巴西作家保羅・科埃略（Paulo Coelho，1947～）的名字對一般讀者來說還比較陌生。以前我們比較熟悉的一些拉丁美洲作家，像博爾赫斯、馬爾克斯、巴爾加斯・略薩等等，大都是西班牙語作家，而巴西文學卻是葡萄牙語文學。我們最熟悉的巴西作家是若熱・亞瑪多（Jorge Amado），他的很多部長篇小說都被翻譯成了中文，在他之後，就很少有巴西葡萄牙語的作家被翻譯介紹。其實，保羅・科埃略是當今巴西擁有讀者最多的一位作家，作品已被譯成 50 多種語言，在 140 多個國家出版，成為繼諾貝爾文學獎得主馬爾克斯之後擁有讀者最多的拉丁美洲作家。由於他在文學創作上所取得的成就，保羅・科埃略不止一次獲得法國、義大利、美國、澳大利亞、南斯拉夫、愛爾蘭等國家頒發的文學獎，1996 年被法國政府授予藝術與文學騎士勳章，1998 年被巴西政府授予裏約布蘭科騎士勳章。

　　保羅・科埃略早年曾做過編劇、導演、記者，並為巴西最著名的搖滾歌星寫過幾十首歌詞，後來他沉迷於研究煉金術、魔法、吸血鬼等神秘事物。1988 年，他受《一千零一夜》中一個故事的啓發，創作了《煉金術士》（The Alchemist），不料風靡世界。小說講述的是一個叫聖地牙哥的西班牙少年，夢見自己可以在埃及的金字塔邊上找到埋藏的寶藏，於是他穿越非洲的撒哈拉大沙漠，經過了艱險的旅途，來到了埃及的金字塔邊，終於領悟到了

藏寶之地。這是一部追求夢想、完善人生的寓言故事，它告訴我們實現夢想總要伴隨著艱難，總是需要勇氣、智慧和執著，而我們要找尋的東西往往就在自己的身邊。此後，保羅‧科埃略又陸續出版了《我坐在彼德拉河畔哭泣》（*By the River Piedra I Sat Down and Wept*）、《韋羅妮卡決定去死》（*Veronika Decides to Die*）等多部作品，每部作品都大獲成功。他的小說糅合了一些傳說、神話、巫術與奇幻經驗，尤其是中東和阿拉伯世界的一些典籍，成了他很多小說的靈感源泉，他由此構築了一個想像和幻想的文學世界。

《我坐在彼德拉河畔哭泣》講述的是一個古老的，卻又常說常新的愛情故事。男女主人公從小青梅竹馬，情意深篤，後來男主人公離開家鄉，離開了癡戀的女友皮拉爾，獻身於神學，成為上帝的使徒。11 年後兩人再度相逢，可他仍棄她而去獨自完成宗教賦予的使命。皮拉爾孤獨地坐在彼德拉河畔，一邊哭泣，一邊寫著自己的故事。傳說所有掉進這條河裏的東西都會變成石頭積成河床，於是沒了痛苦，沒了離愁，也沒了回憶。皮拉爾希望自己寫完這段故事後，就把它拋入彼德拉河中，讓它成為永遠的回憶。就在皮拉爾就要完成全部手稿時，他找到了彼德拉河邊，也找回了心中的愛人……。故事從河邊的哭泣開始，以河邊的牽手結束。

作為一本小說，《我坐在彼德拉河畔哭泣》的情節並不複雜，就像書中所說「所有的愛情故事都是一樣的」，可是，這個簡單故事所蘊含的思想卻是意味深長的。皮拉爾在彼德拉河畔留下了淚水，也獲得了頓悟：愛原來一直都在 —— 而與其說那是愛，毋寧說那是與愛同生共長的對愛的信仰的選擇 —— 愛即信，信即愛；

這個故事裏的愛是關於一個神奇的時刻，那一時刻，一個「行」或者「不」就可以改變整個人生，我們應該去冒險，只有冒險才能真正理解生命的奇跡，才不會與生命中的神奇時刻擦肩而過；我們應該傾聽自己兒時的聲音，因爲人類的智慧在上帝看來就是一種瘋狂，假如我們能夠傾聽自己靈魂深處這個孩子的聲音，我們的眼睛就會重發光芒。

小說最核心的主旨還是「愛」，宗教對世人的愛，男女間的愛。男主人公熱衷於佈道，希望將對戀人的愛轉化爲對世人的愛，給眾人帶來了希冀與安慰，卻惟獨冷卻了身邊一顆最動人的心；而皮拉爾爲了走近心上人，在他佈道的感召下，開始反思另一個自我，重新認識愛情，重新認識宗教。愛的天平就在凡俗與神靈間搖擺不定。在作者看來，「我們在盲目受罪：因爲在愛之中蘊藏著我們生長的種子。我們愛得越多，我們就離心靈經驗越近。那些真愛在心中燃燒的感悟之人，才能戰勝一切世俗偏見。他們歌唱，他們歡笑，他們高聲祈禱，他們婆娑起舞，他們分享聖徒保羅所說的聖潔的瘋狂。他們是愉快的 —— 因爲有愛的人能夠征服世界，不怕失去什麼。真正的愛是一種全部付出的行爲。」皮拉爾在彼德拉河畔流下的淚水會引導我們走上心靈相通的愛的道路。

2002 年 4 月，科埃略曾經應邀訪問中國，並與金庸進行了一次文學對話。科埃略談到，文學有一種超越母語的本性，文學寫作廣義地說都是一種象徵。他常常問自己：我是誰？我在做什麼？科埃略小說簡單的情節背後就處處蘊含著對個人、對現實和對世界特質的探求。皮拉爾的愛情故事在科埃略輕盈靈動極富詩意的筆下，也就具有了更大的包容性、普遍性。科埃略以他那廣闊的精神世界，構築了一條愛的朝聖之路，創造了一片獨特的文學風景。

「凝望仁慈上帝的窗口」

我們處身其中的這個世界，變得愈來愈喧囂，越來越浮躁，大家似乎身不由已，都被一種力量裹挾著快速旋轉著向前，沒有了停頓，沒有了喘息。現代社會對速度和效率從不吝惜讚美的言辭，卻不願意反省一下速度給我們帶來的迷失和異化。我們再也沒有時間去「凝望仁慈上帝的窗口」，似乎悠閒就意味著無所事事，意味著失落無聊，昆德拉（Milan Kundera，1929～）在《慢》（Slowness）的開頭，不無傷感地發問：「慢的樂趣怎麼失傳了呢？啊，古時候閒蕩的人到哪兒去啦？民歌小調中的遊手好閒的英雄，這些漫遊各地磨坊，在露天過夜的流浪漢，都到哪兒去啦？他們隨著鄉間小道、草原、林間空地和大自然一起消失了嗎？」昆德拉多麼不願意這一切的消失，於是他給我們講了一些關於慢的故事，耐心地、用一種他慣有的緩慢的口吻，告訴我們「凝望仁慈上帝窗口的人是不會厭倦的；他幸福。」

昆德拉的作品總是毫不掩飾他的身份介入，常常在敘述當中，加入自己的議論，全然不管小說的故事發展，當然，象《慢》這樣的小說本來也沒有什麼很強的情節性。與其說是小說，不如說是隨筆。散淡的故事背後，凸顯的是昆德拉深刻的思考與尖銳的批判，一種智性化的寫作姿態依然如故。昆德拉以特殊的身份、特殊的手法、特殊的小說主題傳達出獨特而獨立的價值觀，他的作品總是能讓迷惘中的人忽然警醒，重新思考生活的價值與意

義。我們正是因爲始終不滿於此在的生活，才嚮往著別處的生活，可是別處的生活往往是理想化的，甚至是烏托邦的，倒是此在的生活中，我們同樣可以找尋到生活在別處的感覺，昆德拉的小說就是要告訴我們找尋的方式，比如「緩慢」，比如「輕與重」，比如「反抗媚俗」。這些既是找尋的方式，也是昆德拉的「存在編碼」。

　　這本小說穿插講述了維旺・德農的一篇小說〈明日不再來〉，這是一個關於愛情的故事，講述了愛情的進程因爲緩慢而甜美。T 夫人把她與騎士的良宵儘量地放慢速度，希望留住美，留住記憶。T 夫人慢慢消受黑夜的光陰，把它們分成一小段一小段互不相連的光陰，使時間具備了某種形態。沒有形態的東西無從捉摸，也難以記憶，把他們的相會想像成一種形態，對他們來說彌足珍貴，因爲他們這一夜不會有明天，只有回憶。T 夫人也確實把這個夜晚深深烙印於騎士的記憶中，讓他帶著一份抹不去也不願抹去的回憶慢慢地離去，並在以後的日子裏慢慢地一點點想起。

　　可是，對於現代人來說，再也沒有了這種緩慢的樂趣，在摩托車手式的迷醉中，人們忘記了過去也忘記了未來，「我們的時代被遺忘的欲望糾纏著；爲了滿足這個欲望，它迷上了速度魔鬼；它加速步伐，因爲要我們明白它不再希望大家回憶它；它對自己也厭煩了，也噁心了；它要一口吹滅記憶微弱的火苗。」殊不知，速度帶來只是一種短暫的迷醉，卻不可能伴隨「凝望仁慈上帝的窗口」的幸福。錢鍾書曾經討論的「快活」二字，早就直探心源。「快」，速也；速，爲時短促也，人歡樂則覺時光短，也就是「活」得「快」。「當事物發展太快時，誰對什麼都無把握，對一切都無把握，甚至對自己也無把握。」

　　跟 T 夫人的緩慢情愛構成複調或者說對照的，是杜貝爾、文

森特、朱麗、伊瑪居拉塔，甚至還有捷克學者等爲代表的現代人的瘋狂無聊。如果說 T 夫人的故事是一種抒情式語調，那麼後者則是一種滑稽模仿語調，在曾經見證過 T 夫人愛情的古代城堡改建而成的酒店裏，這些人演出了一幕幕鬧劇。他們並不知道自己行爲的可笑，儼然以一種有身份的人士自居，這更增添了小說的喜劇性。就像里卡爾說的，這些人把城堡酒店當成了一個舞臺，極盡表演之才能，昆德拉乾脆稱之爲「舞蹈者」：文森特不惜假裝勃起，伊瑪居拉塔不惜玩弄自殺，貝爾克一本正經地號召「反抗不由我們選擇的人類處境」……，在小說不正經的領域裏，他們的裝腔作勢，不可避免地成了滑天下之大稽的精彩寫照。再比較一下 T 夫人和騎士，他們沒有大聲疾呼反抗人類的處境，反而盡情享受他們的幽會，細細品味暫時的甜蜜，昆德拉的價值判斷在這裏可謂昭然若揭。

從《慢》、《生活在別處》（*Life Is Elsewhere*）、《生命中不能承受之輕》（*The Unbearable Lightness of Being*）、《被背叛的遺囑》（*Testaments Betrayed*）這些作品中，我們似乎開始感覺到昆德拉所嚮往的「別處」，它應該是和蝴蝶、牧歌、馬車、鄉間小道、林間空地聯繫在一起的，而這些意象的共同點則是「緩慢」，我們只有放慢腳步，細細品味，才能留住時間，也留住記憶，成爲一個「凝望仁慈上帝的窗口」的幸福的人。

「我們時代的重荷」

漢娜‧阿倫特（Hannah Arendt，1906～1975）出生於德國一個猶太家庭，年輕時候曾在馬堡大學和弗萊堡大學讀哲學、神學和古希臘語，也就是在馬堡大學，阿倫特和海德格爾陷入戀情，演繹了一段錯綜複雜的感情糾葛，甚至影響了她的一生，這是後話。1925 年以後，她轉到海德堡大學雅斯貝爾斯的門下，1928年以《奧古斯丁的愛的觀念》獲哲學博士學位。正是在海德格爾和雅斯貝爾斯的影響下，阿倫特開始了她作爲思想家的生涯。她同兩位哲學家的關係，既有思想的交流，還有私人的交往，很難用簡單的師生關係來概括。很想讀讀《阿倫特和海德格爾書信集》、《阿倫特和雅斯貝爾斯書信集》，可惜不諳德文，也不知何時才會有中文譯本？

在納粹統治腥風血雨的年代，阿倫特和成千上萬的猶太同胞一起被迫離開了自己的祖國德國，踏上了流亡之路，從此經歷了漫長的沒有國籍的屈辱和痛苦，直到 1951 年才成爲美國公民。同年，她的《極權主義的起源》一書出版，爲她奠定了作爲一個政治理論家的國際聲望。到 1975 年阿倫特因心臟病突發而去世爲止，她一生共發表了《人的狀況》（*The Human Condition*）、《黑暗時代的人們》（*Men in Dark Times*）、《在過去與未來之間》（*Between Past and Future*）、《論革命》（*On Revolution*）等幾十部著作，還有上百篇文章，成爲 20 世紀政治思想史上的重要人物。就像川崎

修在《阿倫特》這本書裏所說：「不管是在思想上，還是在實際人生當中，阿倫特都把自己完全地置身於 20 世紀的歷史舞臺，置身於現實事件和思想的十字路口。而且，正是由於這樣，她自身也變成了 20 世紀錯綜複雜的思想意識相互交錯、碰撞的十字路口。」我想，這番話對於阿倫特來說是一個極高的也是恰如其分的評價。

川崎修的這本《阿倫特 —— 公共性的複權》是對阿倫特思想和著作的全面評述，是河北教育出版社「現代思想的冒險家們」叢書中的一種。清一色的黑色封面，凝重而大氣。這套書是從日本引進的，對現代西方代表性的哲學家從維特根斯坦到海德格爾、從伽達默爾哈貝馬斯到拉康福柯，作了系統的介紹，一套在手，整個 20 世紀西方哲學的發展歷程一目了然。起初我覺得西方哲學家的評述經過了日文的轉折，其價值可能會打些折扣，但細讀幾本下來，發現這套書對哲學家思想體系的梳理十分清晰，相關的評述亦非泛泛而談，融注了作者深入的思考，閱讀之下，是很能在讀者與哲學家之間形成一種思想互動的。

近年來國內學界對阿倫特的思想越來越重視，還出過幾本她的傳記，人們對她與海德格爾的曲折戀情有著濃厚的興趣，相比之下，她的原著翻譯倒顯得有些滯後，尤其是她的《極權主義的起源》剛剛才有了中譯本。川崎修的《阿倫特》重點就是評述這本《極權主義的起源》，對於普通讀者來說，是能起到嘗鼎一臠之效的。和大多數人一樣，我最感興趣的也就是阿倫特對極權主義的反思。《極權主義的起源》（ _The Origins of Totalitarianism_ ）1949 年寫成，1951 年初版時名為《我們時代的重荷》（ _The Burden of Time_ ），1958 年再版時增加了一個結論性的《意識形態與恐怖》，書名也改成《極權主義的起源》。這本書以納粹的種族滅絕（還有

史達林主義）作爲主要分析對象，把它看作是一種人類歷史上從未有過的新的統治形態，它把一部分人視爲天生理應消滅的「種類」，進行集體的改造和屠殺。過去的專制政權僅限於迫害它的「政敵」，而極權主義卻無情地消滅它的「順民」。它有一套意識形態的推理過程，將人類過去、現在與未來解釋爲一個封閉的整體，爲了實現某種「終極目標」，可以對現實世界進行任意的改造。阿倫特描述了歷史上的「反猶主義」、19 世紀以來的「帝國主義」擴張心態以及資本主義的生產方式等等，所有這些形成了極權主義暴政產生的土壤。

　　作爲一名政治思想家，阿倫特一切思想活動都是以研究「極權主義的起源」作爲出發點的。納粹主義和史達林主義雖然分別在上世紀 40 年代、50 年代宣告終結，可是它們之所以產生的歷史根源依然存在。阿倫特對歐洲 19 世紀以來的歷史進行了深入考察，涉及了政治、文化、社會等廣泛的領域，在此基礎上，她把這種極權主義現象描寫爲一次文明的大崩潰。尤其令人警醒的是，極權主義包含了相當複雜的內容，已經超越了單純的納粹主義和史達林主義的意義。民族國家的動盪、大眾社會問題、帝國主義和種族主義、反猶太主義、「民族淨化」政策、對意識形態的盲從等等，哪一種都不是虛構的故事，當今世界的種種動盪不是都能從中找到極權主義的影子嗎？這就意味著，極權主義絕不僅僅是過去的事情，它是現代文明或者說至少是 20 世紀歐洲文明所產生的問題，是無可迴避的「我們時代的重荷」。從這個意義說，《極權主義的起源》就不僅僅是論述納粹主義或史達林主義的著作，而是一部考察 20 世紀政治、社會、思想文明，闡述 20 世紀思想政治秩序的偉大著作。

請為駝背小人祈禱

　　大概是 1990 年左右，我第一次讀到本雅明（Walter Benjamin, 1892-1940）論波特萊爾的名著《發達資本主義時代的抒情詩人》，他深邃敏感的思想與詩意特異的風格，讓我從此記住了這個名字，並開始著意於收集和閱讀他的所有著作。可惜，這十來年來，國內僅僅翻譯出版了《機械複製時代的藝術作品》、《經驗與貧乏》、《本雅明文選》等少數幾種，這本薄薄的《駝背小人》應該是本雅明著作的第五種中譯本，也是唯一的一本散文。這幾本譯作不能算少，但相比起本雅明在 20 世紀西方思想史上地位來說，國內的翻譯研究還是顯得相當的落後。

　　在 20 世紀西方思想家當中，本雅明無疑是一個極其重要的人物。他視野開闊，學識淵博，廣泛涉獵哲學、歷史、文學、語言、藝術等不同的方面，並且都有不凡的建樹。他曾經期望自己能成為文學批評家，寫過大量的文學研究的論著。美國著名的文學批評史家韋勒克（Rene Wellek）就把他與盧卡契（Georg Luacs）、布萊希特（Bertolt Brecht）、德布林（Doblin）並稱為 20 世紀德語文學的四大馬克思主義批評家。但是，他的一位摯友說過，雖然本雅明的主要論題都是關於文學藝術的，很少寫純哲學的論文，可是他的一切研究都是從一個哲學家對世界和現實的體驗出發的，他是一個純粹的哲學家。我們不妨稱之為「詩意哲學家」。

　　一方面，他的作品帶有一個注重普遍性和歷史規律的哲學家

的思辯力量、分析的技巧以及批判的嚴厲，另一方面，又帶著一個注重個體的內在經驗、陷於存在困撓的現代詩人的敏銳的直覺式的感受、透悟以及想像的熱情。就象張旭東在《發達資本主義時代的抒情詩人》的譯者序裏所說，「本雅明的獨特之處在於，他專注地把體驗（而非經驗）作爲思考的內容，從而，使他的思想跨越了最廣闊的領域。他以句子和段落，通過他的隱喻構成了他的寓言世界，在一個四散的物的世界裏，聚合起一個精神的整體，在一個缺乏意義和表達的方式的條件下就出話來，保持思想的活力。」

《駝背小人：一九○○年前後柏林的童年》(*Berlin Childhood Around 1900*)是本雅明用碎片方式審視童年時代柏林生活的人與事的散文作品。1932 年開始寫作，1938 年最後定稿，本雅明去世前把文稿藏在巴黎的國家圖書館裏，四十年後才被人重新發現。1987 年，這些散發著金屬光澤的童年回憶的精緻碎片，終於帶著古老歐洲城市昏黃的色調，再現人間。內陽臺、西洋景、蹄爾苑林、勝利紀念碑、捉蝴蝶、兒童讀物、動物園、西洋景、冬日的早晨、農貿市場、花庭街、駝背小人，被本雅明用充滿憂傷詩意的語言串連起來，寓言式地暗示了他與柏林、與過往時光的複雜情緣，也依稀描摹出昔日柏林的動人影像。細膩感人的文字，潺潺穿越我們對於自己童年的回望，引領我們重返美好的精神空間。作者極富魅力的個人風格和洞悉事物的新奇視角，在這本小書中得到淋漓盡致的表現。西方評論家將它譽爲「我們時代最優美的散文創作之一」。

但是，很顯然，本雅明在寫這本書的時候，不僅僅是要表達對於一種美好的追思，同時也是對於當時險惡處境的一種控訴。

本雅明在前言裏說道：「1932 年，身居國外的我開始明白，我即將和我出生的那個城市作長久的、甚至是永久的告別。」正是流亡的歲月激起了他的思鄉之痛，有意從心中喚起童年的畫面，因爲它們或許蘊含著「未來的歷史經驗」。納粹上臺之後，本雅明的種種不詳預感，變成了現實。本雅明本人和他的記憶，都遭到了巨大的打擊。他對於柏林的描述越是細膩，越是柔美，這種細膩和柔美對於他的打擊就越是致命。我們難從本雅明細微敏感的童年回憶中，發現某些難以描述的不安。對於本雅明來說，結束這種不安和痛苦最爲簡單的方法，就是他最終選擇的方法：1940年，在法國和西班牙邊境的波特博服用超量的嗎啡，帶著童年的美好記憶和現實的殘酷的感受，永遠地離開這個世界。

對於他來說，既然「一九〇〇年的柏林」無法再現，那麼，他在這個世界上，就已經無所留戀了。張旭東的分析用在這裏同樣適用：本雅明對這個時代愛極而恨極，在這個時代他沒有任何自我保護的能力，像他的同類普魯斯特一樣，他死於一種「經驗的無能」，但這個離時代最遠的人卻偏偏感到一種強烈的不可遏制的欲望，他要保留這個時代，把他描繪出來，因而他以思想擔負起詩的使命，又以詩擔負起歷史的使命，最終他把歷史變成了神話。在他思想裏面，一種沉思的、優雅的成分同一種不安分的、嘲諷的傾向始終糾纏不清，而在思想之外，他始終面對著詩的精神的巨大誘惑，它像一個陰影，在他體內對他發出內在的召喚，這種召喚不啻也是一種震驚，一種壓迫。爲了抵禦這種刺激，本雅明在思想裏閃過了無數個念頭，它們在他的思想的行文中到處都留下了痕跡。只不過《駝背小人》表現得較爲隱晦罷了。

「駝背小人」的形象來自於《德語兒歌集》，這使幼年的本雅

明意識到了自己的處境：「我想走下地窖，開桶去把酒倒，那兒站著一個駝背小人兒，它把我的酒罐搶跑。」這個促狹的駝背小人同樣存在於本雅明的童年，「我從來沒有見到過他，而他卻總是盯著我」。這個「駝背小人」的意象，幾乎伴隨了本雅明的一生。本雅明是個難以加以定義和歸類的人，他與他所關注的作家與理論之間，有一種互為表現的關係，這使他對波德賴爾、卡夫卡的論述帶有自傳式的色彩。從隱喻的角度來看，本雅明和卡夫卡等人都是內心充滿了詩意但卻被時代拋在後面的現代人的代表，他們的紀念碑上的銘文可以用卡夫卡的一段日記：

> 「無論什麼人，只要你在活著的時候應付不了生活，就應該用一隻手擋開點籠罩著你的命運的絕望……但同時，你可以用另一隻手草草記下你在廢墟中看到的一切，因為你和別人看到的不同，而且更多；總之，你在自己的有生之年就已經死了，但你卻是真正的獲救者」。

黑色的詩篇

　　河北教育出版社出版的 20 世紀世界詩歌譯叢第三輯，全以黑色爲封面。於是，我們在一片漆黑之中與一個短命的詩人相遇，他就是波普拉夫斯基（Борис Юлианович Поплавский，1903～1935）。

　　當你讀完這位元俄羅斯流亡詩人的作品，你會覺得這套書的封面簡直就是以他的詩歌爲基調定做的，因爲整部詩集似乎從頭至尾都在吟唱死亡。我們看到詩歌中的抒情主人公「永遠只能交還給你／一個垂死的心靈」，展示他「垂死的快樂」；我們聽到「死亡在遙遠的黑暗中呼喊」，「死神對青年的我曾經歌唱」：「死去的人多麼幸福」，「死者是輕鬆的」，「死亡是輕鬆的」，「死去吧，忘掉瑣事和痛苦」，「夕光中的春天談論死亡」，「生命對死者而言是那麼輕鬆」，「死亡的大門口一切安謐」……這些來自不同詩作的死亡的歌唱和符咒，提示著詩人內心深處的強烈的死亡衝動和釋放的巨大快感：「我掉入太陽／我將飛翔並消逝」。

　　在波普拉夫斯基這裏，我們又一次地看到，詩人的生命成爲其詩歌的印證。作爲俄羅斯後白銀時代最著名的一位流亡派詩人，波普拉夫斯基個人的生命情緒，深刻影響了他的詩歌創作。1934 年，他的女友納達利婭隨同父親回到蘇聯，普拉夫斯基開始獨自面對愛情所帶來的詛咒。納達利婭回到蘇聯不久，她的父親就受到迫害而被槍決，納達利婭也喪失了通訊的權利。對等待渺

茫愛情的波普拉夫斯基來說，他深刻體會到了痛徹心底的詛咒。1935 年 10 月 8 日晚，波普拉夫斯基在 32 歲的時候死於過量吸食海洛因，用軀體而不再是筆墨完成最後的死亡之詩。殘酷一點地說，他的死去在他留下的詩篇面前顯得不那麼重要，因為這些詩篇已經真正展示著一個詩人的「向死而生」，他已經無數次地在他寫的詩歌中活著，死去和再生，他以肉體在人世間極為短暫的旅行完成對精神密度和強度的永遠的測量。正如波普拉夫斯基在他的詩歌中慣於採用「逆喻」手法一樣，死亡在另一種意義上成為生命的禮贊，死亡意象的如此頻繁地降臨，與其相伴隨的是對生命本身如此細膩、溫情而深切的體驗。

　　詩人的生命抗拒著分裂而分裂卻無所不在：「我渴望生活，茫然而痛苦，/渴望破碎和消失，但不是等待」，「我喜歡在光禿的山上水流的爭論/在雷電和雨水之間，在奇特的詞語之間，/我喜歡鷂鷹們的聚會，我喜歡天使們的墮落」。這種分裂的情狀如鋒利的刀刃將世俗的生活劃開一道口子：「我們小心守護親昵的閒暇/不由分說地躲避開幸福」；即便是在熱戀之中，當「我的靈魂再次沖出多天的黑暗」，「整個世界都展開在我的眼前」的時候，詩人依然感到「那是痛苦的和太陽的娛樂世界」。正如俄羅斯哲學家別爾加耶夫所說的，波普拉夫斯基「感到內心存在著憐憫和殘忍的鬥爭，對生命的愛和對死亡的愛的鬥爭」，「感到了在自身和上帝之間的黑暗」。

　　這種分裂造成的緊張，化成了波普拉夫斯基詩歌中那些聯翩而至、突然轉捩、跳躍閃爍的意象，在它們令人目不暇接、神奇飄逸、神秘怪誕的背後則是靈魂的支撐：「不朽的靈魂搖晃月亮藍色的水/春天的火焰在鮮花的清真寺中燃燒起來/日落的玻璃，藍

天的躁狂/報紙神聖的命令」。「靈魂」是波普拉夫斯基的詩歌中出現頻率不亞於「死亡」的詞語和意象，即便在沒有「靈魂」直接現身的詩裏，隱喻的翅膀也讓靈魂的清風惠顧平凡的物象，製造出神奇的意象。或許正是分裂催生了靈魂的出場，或者說，是靈魂的強度，是靈魂的在場，敏銳地感受著分裂，也在努力地彌合著分裂，使詩人內在的緊張每每以平靜、從容的語流佔據我們的視聽，進而沖刷我們的心靈，以致在「春天飄來，春天飄向夏天，/生命疏忽大意地撤退進死亡」這樣內斂而樸素的句子中，傳達出徹悟而憐憫的境界，讓人讀來無法平靜。

對波普拉夫斯基的詩歌作這種尋章摘句式的談論不啻為一種糟蹋，最好的方式是一首一首地抄下來，一首一首地朗讀出來。也許只有這樣做的時候，我們才能更深切地感到，一個七十年前從俄羅斯來到巴黎的破落的貴族流亡者，一個很長時間裏被文學史的煙塵遮蔽了許久的詩人，他留下的詩歌竟然還如此值得一讀。與此同時，我們會對譯者的出色譯筆格外地心生感激和敬意。

詩人的信條

豪爾赫‧路易士‧博爾赫斯（Jorge Luis Borges，1899～1986），是 20 世紀名震世界文壇的一代大師，被譽爲「當今世界最偉大的文學巨匠」、「作家們的作家」。

有人說，博爾赫斯是書，是文學，博爾赫斯也是時間，空間，博爾赫斯更是知識，是智慧，是無止境的智力活動。淵博的知識、豐富的想像和清晰的思辯融爲一體，形成了具有強烈個性的博爾赫斯風格，構成這種風格的關鍵字最主要的是「時間」、「循環」、「夢幻」。循環往復的時間，不斷輪回的歷史，如夢似幻的存在，永恆的四維空間，不僅是解讀博爾赫斯作品的關鍵字，也是博爾赫斯產生世界性影響的重要因素。

博爾赫斯對時間的思索最爲集中，也最耐人尋味。他說，「假若我們知道什麼是時間的話，那麼，我相信，我們就會知道我們自己，因爲我們是由時間做成的。造成我們的物質就是時間。」在博爾赫斯的作品中，時間有時是無限的、永久的，有時又是循環不已的，有時又似乎根本不存在。沒有過去、沒有將來，只有短暫的現在。〈秘密奇跡〉中上帝給了作家拉迪克一個秘密奇跡：讓德國人的槍彈從發佈命令到執行命令，在他的思想裏延續了整整一年。在這裏，客觀時間並沒有絲毫改變，改變的只是拉迪克心中受制於上帝的主觀時間。與這種時間觀念相關的是「循環」。〈吉訶德的作者皮埃爾‧梅納德〉中那個想重寫《堂‧吉訶德》

的梅納德，殫思竭慮，挖空心思，最終寫出的小說卻與原著一字不差。這種循環，並不存在明顯的過去、現在、未來的區別，它只是一條鏈環，循環往復，周而復始，存在於其中的任何人、任何事都是沒有意義的。時代的更換是時間的循環；人的生死是生命的輪迴，靈魂的轉世，死亡只不過是循環的一個階段，死亡與生命相伴隨。博爾赫斯認為文學的魅力就在於遊弋於現實與虛構之間，將虛構作者與作品的文學遊戲加以發揮，一步步地把讀者帶入他設置的文學陷阱之中。在虛構與真實之間往來穿梭，亦真亦幻，開創了文學創作中現實與虛構、創作與閱讀之間的全新關係。

1967～1968 年間，博爾赫斯應美國哈佛大學諾頓講座之邀前往講學，先後做了六次演講，依次是〈詩之謎〉、〈隱喻〉、〈說故事〉、〈文字 —— 字音與翻譯〉、〈詩與思潮〉、〈詩人的信條〉。這六場講座的錄音帶塵封於圖書館三十多年之後，才被人發現，重新整理出版，這就是我們現在讀到的這本小冊子《博爾赫斯談詩論藝》。這些講座一如他的其他作品，有著強烈的「博爾赫斯風格」，從古到今，廣征博引，幽默機智，娓娓而談，使人如沐春風。這些講座是博爾赫斯跟歷代作家與文本的對話，也不妨視作博爾赫斯本人文學觀念的一次全新闡述。人們閱讀博爾赫斯的作品常常有一種似夢似幻的感覺，也往往用時間、循環、夢幻等要素來加以解讀，讀了這本小冊子，我發現博爾赫斯作品的效果，其實就是一種詩的氣質，傳達了作者一種詩的信條。

博爾赫斯一開始就說，詩應該是激情和喜悅的，我們嘗試了試，我們也嘗試了人生，生命就是由詩篇組成的，詩並不是外來的，詩就埋伏在街角那頭，隨時可能撲向我們。書本只不過是詩

的表達形式而已。書本是一種符號的組合，只有等到合適的人，文字才會獲得再生，文字背後的詩意才會獲得新生，所以真正的藝術就存在於我們的閱讀之中。我們無法用文字來爲詩下一個什麼定義，因爲對它的感受已經深藏於我們的內心，這些感受只有透過我們共有的符號來表達。博爾赫斯引了聖‧奧古斯都的一句話來說明對詩的感覺：「時間是什麼呢？如果別人沒問我這個問題的時候，我是知道答案的。不過如果有人問我時間是什麼的話，這時我就不知道了。」對於詩，也同樣如此。

　　博爾赫斯把史詩也視爲一種古老的詩歌形態，真正優秀的小說或者故事就應該有一種詩歌的高貴，所以他預言，史詩將會再度大行其道。他說，「我認爲小說正在崩解。所有在小說上大膽有趣的實驗 —— 例如時間轉換的觀念、從不同角色口中來敍述的觀念 —— 雖然所有的種種都朝向我們現在的朝代演進，不過我們卻也感覺到小說已不復與我們同在了。」能與我同在的，將是既會說故事，也會吟唱故事的史詩。

　　也許有人會覺得這種預言有些危言聳聽，但這的確是博爾赫斯一種全新的文學觀念。對他來說，生命的重心是文字的存在，是把文字編織成詩歌的可能性。因爲只有詩歌才會將不同時代不同背景中的美的事物加以延續。博爾赫斯告誡人們，文字是共同記憶的符號，作爲作家的唯一工作就是暗示，要忘掉自己，讓讀者自己去想像，這才是「詩人的信條」。

　　我想，如果我們把博爾赫斯視爲詩人，而不再是小說家，或許正找到了進入博爾赫斯世界的一條「終南捷徑」？

一個人和一座城市

　　2006 年 10 月 12 日，瑞典皇家科學院諾貝爾獎委員會宣佈將
年度諾貝爾文學獎授予土耳其作家奧爾罕‧帕慕克（Orhan
Pamuk，1952～），以表彰他「在追求故鄉憂鬱的靈魂時發現了文
明之間的衝突和雜糅的新象徵」。其實，帕慕克 2005 年即獲得過
諾貝爾文學獎提名，可惜那年花落英國劇作家哈樂德‧品特。2005
年帕慕克獲得提名的作品，正是這部自傳性的《伊斯坦布爾：一
座城市的記憶》（ *Istanbul : Memories of a City* ）。

　　對於普通的中國讀者來說，土耳其的伊斯坦布爾似乎過於遙
遠，也就知之甚少。我們一直說西方人對東方的看法，常常是一
種「東方主義式」的想像，而我們自己對於印度、土耳其這樣的
國家，又何嘗給予過充分的關注呢？如果沒有帕慕克的這本書，
有多少人會關注到伊斯坦布爾呢？其實，作為羅馬帝國、拜占庭
帝國以及奧斯曼帝國的首都，伊斯坦布爾是一座充滿帝國遺跡的
城市。沿著蜿蜒曲折的古老街道漫步，隨處可見歷史的痕跡。眾
多輝煌的歷史遺產完好地保留了下來，就像飽經滄桑的老人臉上
的溝坎，層層疊疊。清真寺、大教堂、古皇宮，無言地訴說著一
個城市的逝水年華。

　　這個城市深重的歷史意蘊，賦予它特有的氣質，帕慕克名之
為「呼愁」。這種「呼愁」，早已滲入少年帕慕克的身體和靈魂之
中。「伊斯坦布爾的命運就是我的命運：我依附於這個城市，只因

她造就了今天的我。」作為作家的帕慕克，以其獨特的歷史感與善於描寫的傑出天分，重訪家族秘史，發掘舊地往事的脈絡，拼貼出當代伊斯坦布爾的日常城市生活。跟隨個人成長的瑣屑記憶，我們可以目睹他個人失落的美好時光，認識傳統和現代並存的城市歷史，感受土耳其文明的感傷，特別是再次體會伊斯坦布爾所體現出來的東方與西方、同一性與差異性、群體與個體、虛構與真實、意義的不確定與模糊性等等，這些人類在探討文化身份時普遍存在的二元對立。《伊斯坦布爾》書寫的既是一部個人的歷史，更是這座城市的憂傷。

「呼愁」──土耳其語的「憂傷」，這個詞有著阿拉伯文化和伊斯蘭文明的光澤，隱藏著豐富的歷史資訊，表達的是心靈深處的失落感。對帕慕克而言，伊斯坦布爾一直是一個廢墟之城，充滿帝國斜陽的憂傷。「我一生不是對抗這種憂傷，就是讓她成為我自己的憂傷。」在他的筆下，從鄂圖曼帝國的崩潰到共和國初年的民族主義，西化政策、詩歌與風景交織成一個故事。伊斯坦布爾人從這些紛亂的故事中得以看見自己的形象，追求他們的夢想。這個誕生於城牆外荒涼、孤立、貧困街區的夢想，正是帕慕克所說的「廢墟的憂傷」。一堵坍塌的牆，一棟敗壞、廢棄，已無人照管的木造閣樓，一個不再噴水的噴泉，一排排窗框扭曲的房屋，對於身居其中的人並不美，他們談的是貧困無助，是絕望的疏忽。而欣賞貧困潦倒和歷史衰退的偶然之美，在廢墟中觀看如畫之景的人，往往是我們這些外來者。正如本雅明所說，從城外來的人對異國情調與如畫之景最感興趣。帕慕克重新進入伊斯坦布爾的城市深處，就象畫畫讓他得以進入畫布裏的景色，這成為他進入幻想世界的一種方法。當他深入這個世界最「美」的區域，

突然感到異常狂喜：眼前閃閃發光的景象看起來像真的一樣，他卻忘記了他畫的是人人知道、人人喜愛的博斯普魯斯景色。

　　這種心態使得帕慕克總是遊離於真實與幻覺之間，一方面廢墟之城有一種獨特的美，恍惚間令人沉醉，另一方面廢墟之城又充滿憂傷，角角落落都喚起回憶，城市本身在回憶中成爲「呼愁」的寫照，「呼愁」的本質。「呼愁」不是帕慕克一個人的，也不是某個孤獨之人的憂傷，而是數百萬人共有的陰暗情緒，「是伊斯坦堡整個城市的呼愁」。這些隱藏在伊斯坦布爾每個角落的「呼愁」，映照出每個生活在其中的個人的「呼愁」。對帕慕克來說，伊斯坦布爾的「呼愁」不僅是由詩歌和音樂喚起的情緒，也是一種看待我們共同生命的方式，不僅是一種精神境界，也是一種思想狀態。

　　帕慕克說：「我不願抱怨，我接受我出生的城市猶如接受我的身體。這是我的命運，爭論毫無意義。這本書的內容是關於命運……。」一個人出生在哪個城市，無法選擇，宿命一般。伊斯坦布爾以特定的「呼愁」，以隱秘的方式，成就了作爲作家的帕慕克；而帕慕克又以其細密畫般的筆觸書寫了這座城市前世今生。伊斯坦布爾與帕慕克，恍惚迷離中，兩者也交織爲一體，互爲鏡像，須臾也無法分開了。

獻給繆斯的霓裳羽衣

　　安德列・馬爾羅（André Malraux，1901～1976）是個傳奇式的人物，有一種說法廣爲流傳：在 20 世紀的法國，比他更有成就的政治家大有人在，但沒人取得像他那樣高的文學成就（曾以一本描寫中國革命的小說《人類的命運》獲龔古爾文學獎）；比他更有成就的文學家也不乏其人，但沒人經歷像他那樣傳奇的一生，取得如此高的政治地位（曾擔任戴高樂時代的總統府文化部長）。《無牆的博物館》（*Museum Without Walls*）再次證明了馬爾羅在藝術上的天分和造詣。

　　馬爾羅一貫主張創造另一個世界來實現生命的永恆，這另一個世界就是藝術的世界。他認爲，藝術的世界是對現實世界的修正，現實世界的生命是註定要死亡的，而藝術世界可以超越人類的處境，抗拒死亡，獲得不朽，因爲它代表了人類最高的精神價值。所以，馬爾羅才沉醉於藝術的世界，沉醉於「無牆的博物館」的營構。翻閱著《無牆的博物館》，心中奏響的卻是一曲馬爾羅獻給繆斯女神的霓裳羽衣曲。霓裳羽衣曲是東方的絕響，作者正是在接觸了東方文化以後，才爲西方藝術史中的繆斯重新訂制了這件霓裳羽衣 ── 《無牆的博物館》。他收集了藝術史上散落於各處的霓裳和羽毛，從提香到盧本斯，從流浪藝人的肖像繪畫到現代的攝影技術，從哥特雕塑到柬埔寨舞俑，從拜占庭藝術到羅馬式壁畫，一件件孤立的作品，被隨手拈來，攛掇成一朵朵綻放的珠

花，點綴在羽衣之上，再用睿智的金線將這些連綴成衣。金線就是他對人類藝術史的理解，一件霓裳羽衣上已經繪出了藝術史的流脈。

從歷史中流出來的藝術，總擺脫不了種種思潮的沖洗。列奧納多‧達‧芬奇不是用抽象透視，而是用「充滿藍色調的區域」的創造，來有意模糊輪廓，然後再將物件有限的形式擴展到一定的距離，這給提香對線條的突破、倫勃朗的蝕刻畫提供了啟示。在梳理繪畫迷宮的 17、18 世紀的浪漫派時，他又想到了繪畫與文學的不同，「浪漫派作家既反對 17 世紀歐洲幾乎公認的古典派文學美學，也反對表現這種美學的作品。然而，儘管作家們也反對這種美學，他們並不反對受這種美學支配產生的偉大作品」，資產階級有自己的文學作品，卻沒有自己的大畫家，這令馬爾羅大為慨歎。現代藝術以前的油畫都是「歷史英雄主義」，而到了現代藝術，它的觀念與風格已大為改觀，光線已經讓位於色彩，素描漸漸成為畫家的追求。相比起古典主義畫家虛構的再現，現代藝術中更強調「媒介」和「構圖」，還有馬格納斯科、弗拉戈納爾和瓜爾迪因素等等，甚至還有攝影、考古對現代藝術的催化。

「無牆」，是沒有時間的牆，沒有空間的牆，沒有地域的牆，沒有一切有形式的遮罩。沒有牆壁的博物館其實存在於馬爾羅的心中。誠如序言所說，想像使這本書成為一座名副其實的無牆的博物館：作品帶我們上路；語言為我們訴說；思想給我們指引。整個世界的藝術就是馬爾羅心中的博物館，一切藝術都在其中佔有了一個位置，在你眼前緩緩展開，讓你感受到霓裳羽衣的眩目、精美、細膩、璀璨。馬爾羅賦予我們神秘的勇氣，流連於藝術無限的空間，不斷地質詢、探索、確認藝術那「黃金般沉默的奧秘」。

這是馬爾羅對藝術的獨語，更是他引領我們與藝術的心靈的對話。

　　莊庸博士說，「無牆的博物館」喚醒了藝術本身的激情和活力：讓找到或找不到角色的人物和景象，都向藝術那黃金般沉默的奧秘敞開大門，觸摸到了那永不衰竭的音樂；我們之前沒有人傾聽過，「重要的是這些雕像和繪畫在對我們說什麼，而不是它們說過什麼。」我們只有從無牆的博物館中，才能洞悉它最深刻的影響。它解脫了時間的局囿，讓我們對過去、現在和未來的流動性更加敏感。一個世紀前被忽略或輕視的力量、幾十年前被輕蔑和嘲笑的天才獲得質的肯定；而現在被肯定了的力量和天才，似乎註定要提供同過去和未來極其精深、極其神秘的聯繫。它還是一種空間的拯救，一種或數種處於我們自身之外的文明，從笨拙的偏見中解放了出來，一起融入到對「沉默」的言說之中。唯其如此，《無牆的博物館》才具有了巨大的哲學和道德意義，成為人類尋求表現手段征途上的一個重要的里程碑。馬爾羅的藝術史不僅是他本人的最佳作品之一，也是我們時代真正偉大的著述之一。

觸摸感性的歷史

　　一直以來，我對與考古相關的挖掘、報導、圖片、研究等等，有著莫大的興趣。它使我們跨越遙遠的時空，重回神秘的現場，觸摸到了感性的歷史。這可能是不少人都有的好奇心，與真正的「考古」相差甚遠。《考古的故事》雖然由國外考古學專家執筆，主編巴恩先生也是考古學界的重要人物，可它的讀者定位正是如我這樣的門外漢。我讀過巴恩（Paul G. Bahn）那本精美的《劍橋插圖考古史》，現在看到這本《考古的故事》自然也不願放過。

　　《考古的故事》有一個帶點誇張的副題：「世界 100 次考古大發現」，可它的確展現了從岩石藝術到紋身的未婚少女，從猛獁屋到亞瑟王宮，從人類遠祖的化石到成熟的文字書寫系統，從洞穴遺物到海底沉船等等世界考古史上的重要發現，這些考古發現無不改寫著人類對過去歷史的認識。300 多幅精美的插圖配以簡約的文字，客觀的科學研究、豐富的藝術資料和複雜的歷史史實巧妙地糅合，引領我們進行了一次輕鬆愉快的環球考古之旅。

　　這本書的序言寫得很妙，它讓一直在人們心目中散發著木乃伊的腐朽與塵土氣息的考古，帶上了現代市場競爭的狡獪與無奈。書的副題「世界 100 次考古大發現」就完全符合眼球經濟的標準，象一本有關考古學的速成教材，一本帶著歷史沉澱的科普讀物，與 Discovery 的考古節目有著異曲同工之妙。考古學者一方面介紹世界各地的考古新發現，一方面根據歷史論著和學者對

歷史的重新認識，向讀者展示了一幅幅我們先人生活和戰爭的畫面。書中對遠古歷史的描述建立在比較堅實的基礎上，直面歷史的真實，毫不作藝術加工，因爲臆想固然引人入勝，但真實往往更加出人意料。

現代科技高速發展，現代社會鼓勵人們抓住現在，憧憬未來，可是，僞科學與迷信卻一再抬頭，癥結就在於對過去的忽略與偏見，輕易的相信流傳已久的神話傳說和外星人的怪誕之說，使虛幻的魔鬼不時從我們心靈中科學堡壘的殘簷斷壁上探出頭來，動搖我們脆弱的信念。雖然深埋在地下的那些遠古的骸骨，那些文明的廢墟，那些殘缺的城磚，可以完善我們的思想，卻同時也毀滅了我們心中一直以來所珍視的想法。上帝的權威受到動搖，因爲考古發現直立的現代人的出現早於上帝的創世紀；外星球的祖先也煙消雲散，因爲考古在無法解釋的建築奇跡中清楚地找出人工的印記。考古依靠事實，不斷動搖神和超自然力的根基，一步步確立人類自身非凡的豐碑。

考古學的進步不斷復原再現歷史，重現當時的地理、氣候、環境，習俗、宗教、信仰，建築、繪畫、雕塑，農業、貿易、手工業，甚至遺傳、疾病特徵。雖說是科學的推理，卻有帶有幾分猜測的意味，就象布須曼人壁畫中的柵格形、鋸齒形、波紋形、螺旋形以及光點，考古學家認爲是人們對恍惚幻覺狀態的忠實描畫，這是根據史料中布須曼人對巫師超自然力的崇拜推斷而來的。歷史終究是逝去的時光，沒人親見，而倖存的遺跡都是殘缺不全的，合理的推測是我們靠近祖先冒險卻又必要的方法，誰也無法阻擋那奇異的古代遺跡帶來的無限想像。考古研究往往沒有結論，考古學家們打開了通向真相秘室的一堵堵石牆，雖然可能

面對的是另一堵牆，但只要我們不斷前進，總能無限地接近真相。這種接近真相的過程，才是考古的生命之所在。

從非洲的奧杜威史前大峽穀，最偉大的辛巴威，東歐猛獁骨的房屋，阿爾卑斯山腳下的湖上住宅，敘利亞的埃布拉泥上的楔形文字，印度河流域的文明，到東方皇陵和兵馬俑等等，我們只有縱覽有關考古的資料，站在歷史畫布的一角，感受整幅畫卷的真實的宏偉與美妙，才會更加確信自己就是這個地球上偉大的征服者。儘管人類存在各種各樣的弱點，可人類的確是唯一在漸漸擺脫生存危機後，又不懈努力試圖磨試出打開自身和世界奧秘的鑰匙的物種。考古為現代人展現神奇遙遠的歷史，重溫那無法理解與釋懷的過往，這就是考古學的永恆魅力。

宗教生活的操縱者

「從傍晚時分開始，各種列隊、舞蹈、歌唱都在火把照耀下進行，普遍的歡騰持續高漲。在一個指定的時刻，有 12 個人每人拿起一把熊熊燃燒的火把，其中一個就像拿刺刀那樣拿著火把，他們沖入一群土著，而對方則用棍棒和標槍抵檔攻擊。隨後就是一場全面的混戰。人們到處竄蹦跳躍，不停地發出野蠻的尖叫，燃燒的火把在人們的頭上和身體上不斷爆烈，火花四濺。」

由這一切交織而成的野性場景，簡直無法用適當的語言來形容。可以想像，一個人到達如此亢奮的程度，他的思想和行為會出現怎樣的變化。在澳洲土著瓦拉蒙加人那裏，這樣的體驗每天重複，甚至持續幾個星期。每當這個時候，土著人完全忘卻了自我，仿佛感到被某種外在的力量支配著，就連身上的佩飾和臉上的面具也同內心一起發生了變化。他不能自持，只有用叫喊、動作和姿態來渲泄。長此以往，土著人認為，確乎存在著兩個異質的、無法相比的世界：在一個世界中，他過著孤單乏味的日常生活；而他要突入另一個世界，就只有和那種使他興奮得發狂的異常力量發生關係。一位法國社會學家給這兩個世界的命名頗富哲學意味：前者是凡俗的世界，後者是神聖的世界。

他叫 Emile Durkheim（1858～1917），西方社會學的奠基人之一。不是專門的社會學研究者，可能未及細察，書市上署著迪爾凱姆、杜爾凱姆、杜爾幹等各種譯名的著作，其實是同一個人的

作品，而最通用的譯名是愛彌爾‧塗爾幹。塗爾幹的《社會分工論》（1893）、《社會學方法的準則》（1895）和《自殺論》（1897）等許多社會學經典論著，相當多的中國讀者頗爲熟悉，而 1912 年出版的《宗教生活的基本形式》無疑是其所有作品中最精湛、最具有原創性的一部，它是晚年塗爾幹最後濃縮給人類的思想原汁。正如該書副標題《澳洲的圖騰體系》所標明的，它的大部分篇幅是關於某些原始部落的氏族生活和圖騰體系的描述和分析。睿智的讀者自然不會迷失於作者爲我們描畫的眾多的社群風情中，對於塗爾幹來說，這些材料完全服務於一個根本的企圖：建立一種關於宗教的科學，由此，塗爾幹成爲現代意義上的宗教社會學的開創者，從更一般的學術意義上說，《宗教生活的基本形式》（ *The Elementary Forms of Religious Life* ）也是一部「知識社會學」的開拓之作。

　　在塗爾幹時代，宗教或者被定義爲「超自然的」、「神秘的」，或者被定義爲是與「神」和「精神存在」的觀念相關的東西。宗教竟然是一種幻景？這讓塗爾幹無法容忍。眾所周知，無論是法律、道德還是科學的思想，在漫長的歷史時期內，都與宗教攪和在一起，浸透了宗教精神。人們不禁要問：一種虛無的幻景怎麼可能對於人類的意識產生如此有力、又如此長久的薰陶呢？

　　不是虛幻，又是什麼呢？塗爾幹的答案充分體現出一位社會學家的本色：宗教是一種與既與眾不同，又不可冒犯的神聖事物有關的信仰與儀軌所組成的統一體系，這些信仰與儀軌將所有信奉它們的人結合在一個被稱之爲「教會」的道德共同體之內。在這一定義所包括的兩個要素中，塗爾幹比常人更強調「教會」這一團結的群體，因爲他相信，宗教是社會的產物，宗教力量只不

過是社會在其成員那裏喚起的思想情感。這樣說來，一個社會與其成員的關係，也可以視作一個神靈與其信仰者之間的關係。

社會常常是外在於個體的，它們所追求的特定目標常常並非出於我們的意願，甚至違背我們的天性，可是在許多情況下，我們卻心甘情願地受它的擺佈；倒底誰是幕後的操縱者？其實就是我們自己，是個體賦予給社會的無形力量，因爲這樣的力量太抽象，人們就構擬出種種神秘的概念來稱呼它，比如神，或精神存在等等。

日常獨處的時候，人們也許還不太能感覺社會力量的強大，但一旦人們聚首於一個可以直接互動的範圍內，造神的機器就開動了。在法國大革命時期，有過多少 1789 年 8 月 4 日之夜，出現過多少崇高的場面，以致於讓平素最老實、最平庸的市民也變成了英雄，使國家、自由、理性這些字眼成爲神聖不可侵犯的輿論。上了點年紀的中國人，在過去的幾十年中，也曾捍衛過無數的神聖符號，想必不難體會這樣的情緒。讀過塗爾幹後，我們似乎忽然警醒，我們所經歷的正是某種宗教生活， —— 基本形式的宗教生活，就如原始族群的圖騰崇拜一樣。

於是，我們不難理解，作爲一位社會學家，塗爾幹爲什麼津津樂道於某些原始族群的圖騰生活，因爲對他來說，這些奇特的宗教生活最原始，最簡單，因而相對於別的高級宗教形式，它們更適合我們理解人類的宗教本性，也就是說，它似乎更便於展示出人性本質的、永恆的方面。

「墮落」的人類，童眞未泯

　　我讀書一向比較雜，興之所致，沒有什麼系統或者計畫。大凡真正的讀書就應該這樣無爲而讀。最近因爲關心宗教經驗的問題，一連讀了幾本宗教人類學的著作，不敢說讀通了，只能說一知半解，有些興會而已。

　　許多西方宗教史家常常用「兩個世界」的理論來說明傳統社會的特徵，在羅馬尼亞學者米爾恰·伊利亞德（Mircea Eliade，1907～1986）的《宗教思想史》中，我們又一次發現，在我們已知的世界之外，還存在著未知的另一個世界，一個異質的、混沌的世界。在伊利亞德看來，兩個世界的對立，主要並不體現在人類認識的自由度上，並不是截然對立的掌握和未被掌握的兩個領域，它們的存在意義還可以進行更爲充分的宗教人類學的闡釋。

　　據伊利亞德的研究，古代人，尤其是處於人類童年期的原始人，總是生活在一個兩重化境界中：一方面作爲人類而存在，另一方面又分享著一種超越人類的生命，即宇宙的或者是諸神的生命。很可能，在遙遠的過去，人類所有的器官及其全部的生理體驗，更不用說還有他們的行爲都有著一種宗教的意義。而後來，特別是現代科學社會誕生之後，人類中的大多數失去了自覺地生活在宗教中的能力，也就因此失去了理解和接受宗教的能力 —— 人類「墮落」了！碩果僅存的只有少數宗教徒而已。對一個宗教徒而言，空間並不是均質的（homogeneous）的，空間的某些部

分與其他部分彼此間有著內在品質上的不同。耶和華警告摩西：脫下你的鞋，你站在聖地！於是就有了讓人心儀的、意義深遠的神聖空間，一個真實的、確實存在的空間，與其相對應的非神聖空間則沒有結構性和一致性，混沌一團。神聖空間的實然性，只有在本體生成的意義上才能獲得深刻的理解，伊利亞德為這種哲學理解提供了導向：正是神聖性的切入，中斷了均質的凡俗空間，為未來的所有發展向度揭示了一個基點，確立了絕對實在，從而在本體論層面上建構了世界。

可是這一切，在科學主義、客觀主義彌漫的時代，已經完全被邊緣化了。經過現代社會的一次次的「去聖化」，人類的神聖感一次次被分裂，如今已經墮落進了無意識的深淵。然而，伊利亞德確信，在人類最深層的意識中，仍然保有對宗教的童年記憶。也就是說，我們還是宗教的人（homo religious），我們童真未泯。即使那些宣稱自己已經非常現代的人群，也仍然可以從中發現許多經過偽裝的神話和退化了的神聖儀式。我們習以為常的新年慶祝、喬遷之喜、婚禮喜宴等等世俗化的慶典，就可以說顯示了一種萬象更新的儀式結構。甚至最普通的閱讀活動也可以使人脫離個體的時間綿延，融合到另一個「歷史」之中。

當然，要從本質上說明神聖與凡俗的關係，伊利亞德的興趣不可能朝向已經「墮落」了的現代人類生活，他的主要論據是從美索不達米亞人、傳統印度人和中國人、加拿大的考其多（Kwakiutl）人以及其他原始民族中選擇的，豐富的人類學和歷史學資料為他的論證奠定了堅實的基礎。作者也意識到，「把這樣在時間和空間上相距如此遙遠的民族的宗教素材相提並論並不是無懈可擊的」，因為這種「根據從極不相同的文化中不加區別地選

擇出來的細小行為予以論證」的結果，可能會塑造出一個本尼迪克所說的龐然怪物：斐濟的右眼；歐洲的左眼；一隻腿來自火地島，另一隻腿來自塔希提；所有手指、腳趾也來自不同的地區。

　　伊利亞德辯稱：我們的目標是如何闡明神聖的體驗，而不是表現這些因歷史的沿革而造成的眾多變化和不同，因此他更為關注的是不同歷史時期人們行為之間的相似性，比如，他們都生活在一個神聖化的宇宙之中；「這種行為的相似性在我們看來比他們之間所存在的差異性更具有無比的重要性。」他的這番辯護未必見得圓滿，但他所具有的問題意識，讓我們領略到了一位宗教史學家的跨學科的視野，他的論說也為我們理解當下的生活提供了一個新的維度。

輯　二

語言與具象

比利時現代畫家馬格利特（René Magritte，1898-1967）有一件著名作品《煙斗》，畫面上畫的是一個大煙鬥，而文字說明偏偏是：「這不是一個煙斗。」小小煙斗所喻示的言與象的永恆困惑，成爲韓少功新作《暗示》的中心題旨。

現代西方哲學最顯著的特徵，也是最核心的問題是「語言學的轉向」，話語理論幾乎成爲當今西方學術界顯學中的顯學，一些大師級的人物都對語言問題作過精僻的論述，海德格爾稱「語言乃存在之家，人則居住在其深處」；凱西爾說「人從自身的存在中編織出語言，又將自己置於語言的陷阱之中」；維特根斯坦認爲「語言是一座遍佈歧路的迷宮」；而哈貝馬斯則指出「語言交流方式受到權力的扭曲，便構成了意識形態網路」。似乎是受到現代西學的啓示，韓少功在《馬橋詞典》中也試圖用語言來解釋世界，剖析一些語詞的生活內蘊，寫出了一本關於詞語的小說。寫完《馬橋詞典》後，韓少功還深有感慨地說：「人只能生活在語言之中」。這話倒頗有些海德格爾等西哲的口吻。

可是，我們面前的這本《暗示》卻完全推翻了韓少功從前的語言觀，將讀者引入了言說之外的意識暗區。用韓少功自己的話來說，「我必須與自己做一次較量，用語言來挑戰語言，用語言來揭破語言所掩蔽的更多生活真相。」他所採用的有效的方式就是對生活具象的大量呈現與考察。他爲我們陳述了一些隱秘資訊的

常例，比如場景、表情、服裝、儀式等等，考察了一些具象符號如何介入了我們的記憶、感覺、情感、性格和命運，如何介入了我們的教育、政治、經濟、暴力、都市化以及文明傳統，最後探討了語言與具象的相互生成與相互控制，以及由此而來的現代知識的危機。它引發我們思考，我們習以爲常的語言背後究竟是什麼？觸目皆是的具像暗示了什麼？某種場景、某種面容、某個語詞在新的語境中往往能生髮出新的意義；某種身份、某種情緒、某個觀念，往往會與當下的境遇產生錯位。比如，「在生活具象無限的疊加和覆蓋中，時間可以使苦難變得甘甜，可以使荒唐變成正常，它還可以撫平傷痕，溶化仇恨，磨損心志，銷蝕良知，甚至使真實消失無痕，使幻象堅如磐石」。在這種情況下，歷史是可靠的嗎？公正的嗎？也許這正是歷史的悲哀所在，也正是歷史得以燦爛動人的前提。比如，「一切存在於社會上層的觸目具象，組成了五彩之夢，潛入人們含混曖昧的大腦皮層，常常於不經意中指引了思考和言說的方向，使之完全脫離理性的引力」。我們說觀念是邏輯的產物，其實更是想像的產物。文字裏隱藏的具象，助產著社會交際中意在尋求自我優越的身份夢遊。

　　我們能夠感受的日常生活其實只是一片迷亂的符號領域，只是一片具象，恰恰是這些東西，而不是語言在主宰每個人的具體生存。我所讚賞的是，韓少功從這些具象，切入到了對文化、哲學、歷史、社會、生存的深刻反思，其中隱隱透出的與其說是語言的焦慮，不如說是思想的焦慮，這些思想才是他精神的皈依，才是他用心血心魂、用魂牽夢繞的回憶和嚮往來加以表述的真正內容。《暗示》沒有理論著作的系統玄奧，也沒有小說的鮮活生動，可它卻處處有著思想的深邃和論辯的機鋒，充滿了沉靜和大氣，

一派大家氣度。它不妨可以視作韓少功對我們生活於其中的世界一次全面的思考。韓少功是當代作家中少有的具有深厚理論積澱的人，由他來寫作這樣的一本「書」，似乎有些「捨他其誰」的味道。

《暗示》的文本形式也是意味深長的。韓少功一直對文體有著自覺的追求，認爲寫作有多種方式，不能說哪種最好，應該容忍並嘗試各種方式。《暗示》就嘗試著把小說和非小說的因素結合起來，縱坐標是思考路線，橫坐標是敍事路線，兩者相互碰撞，有些思考需要以具體的感性方式傳達，有些生活現象需要理性框架的關照，可以更爲靈活自由地傳達自己的思考。有人把《暗示》稱爲「小說」，可從中我們很難發現一般小說的基本特質。所謂小說，總是圍繞著「故事性」來展開的，而《暗示》的故事性卻早已退到了幕後，隱隱約約的人物、故事，成爲可有可無的點綴，倒是本來應該潛隱在故事性背後的思辯性內容，卻直接揉合進了全書的敍述之中。韓少功說，這本書不是小說也是小說，不是理論也是理論，他想寫的只是一本「書」。這的確是一本很獨特的「書」。全書由一則則的片斷聯綴而成，我們隨意翻開這本書的任何一頁，都可以饒有興味地讀進去，融入韓少功的思想空間，全然沒有了傳統小說起承轉合、發生發展高潮結局之類的拘限，而且這些片斷甚至還可以隨意組合，生髮出各各不同閱讀體驗。在90年代先鋒文學退隱，當代寫作回歸故事與寫實的今天，《暗示》文體的實驗性，如空谷足音，令人振奮。韓少功把這種文體的實驗歸功於中國筆記小說的傳統，可我們卻從中讀到了米蘭·昆德拉、卡爾維諾的味道，也看到後現代主義碎片化思維的痕跡。英國當代思想家鮑曼（Z.Bauman）有一本書，書名就叫《生活在碎

片之中（*Life in Fragments*）》，生活在後現代的主體，始終被一種片斷感所籠罩，一種破碎的片斷的無中心的文化形態成爲後現代的主要文化形態。《暗示》的片斷化似乎同樣有著這種後現代的質素，它給作家的寫作帶來無限的施展空間，徹底解構了語言的中心地位，而代之以無限豐富的具象形態，爲讀者開闢了進入文本世界、具象世界的無限可能性。我們可以預言《暗示》文體創新的文學史意義，只是這種創新能否預示著當代小說的一種發展方向，倒是頗費思量的。

迷失在愛情的香氣裏

　　假日期間，萬方的長篇新作《香氣迷人》伴隨著我從蘇州到揚州到南通，秋日的氣息與小說中氤氳的香氣渾然一體，難解難分，一時間竟無法從小說中回過神來。我只能說，這本來就是一本最適合秋日閱讀的小說。

　　《香氣迷人》的故事既簡單又不簡單，說它簡單，是因為它寫的還是永恆不變的愛情故事；說它不簡單，是因為它用浸染著某種氣息的文字把這個愛情故事寫得如此的撲朔迷離，神奇縹緲，用萬方的話說，有一種飛起來的感覺。它從男主人公方剛的出生一直寫到他中年的成熟，其間他所經歷的愛情，很複雜，也很好看。先是他與姬小玉的初戀愛情，一切來得那麼快又那麼自然，兩人雙雙墜入愛河，全副身心仿佛投入到一種強大的寧靜的力量之中，像一條深深的湍急的大河。這段愛情讓我們知道什麼是一見鍾情、什麼是天造地設、什麼是美好和諧，然而，忽然間，這一切竟然就隨風而逝；然後，方剛和宋伶俐經歷的愛情，像多數人那樣，平平淡淡，只是想在一起安安穩穩過日子，但是當男人以為他可以過這種平淡以至乏味的生活的時候，當他再也想不起來往日生活中散發著的女人身體的芬芳的時候，兩人的距離已經越來越遠；後來，他碰到了一位比自己大十歲的的女人李完，端莊嫻雅，一派大家閨秀，可她內心卻潛藏著對愛情無止境的渴望，嬌嫩柔弱的背後卻蘊含著蓬勃強勁的生命力，這讓方剛感到

了難以承受的壓力，甚至一度失去了他從小就引爲驕傲的嗅覺。兩人都不知道到底在什麼地方出了錯，最終他選擇了離家出走，去追尋遙遠地方那値得追求的世界。……

《香氣迷人》的風格與萬方以前的小說很不一樣，比如《空鏡子》平實細膩，完全貼近生活，照出了我們身邊實實在在的生活與命運；而《香氣迷人》似乎希望用絢麗的色彩和神奇的故事來打動讀者，讓我們從那迷人的香氣裏感悟愛情情懷。方剛所經歷的不同階段的愛情，生活中是很常見的，只不過萬方在作品中將它們推向了極致。她說：「我願意我筆下的人是普通人，但他們身上又有很極端的東西。每一個普通人身上都有屬於他的獨特，不過常常沒有被別人甚至自己意識和挖掘到，而我把它們推向了極致。」通過這種極致的表現，萬方試圖發掘不會隨時間變遷的「渴望愛情」的人性本質，「愛情就像氣味，它是無形的，也是迷人的」，因此，這部小說也就有了《香氣迷人》的名字，傳遞出一些神秘感，一絲虛幻。的確，愛情本來就是一種神奇的東西，難以言說，不可解釋的，卻又時時讓你迷失其中。

對於作者來說，這個時代經過沉澱、發酵的東西越來越少，那種刻骨銘心、像刀子剟般的濃烈思念，越來越稀少了。現在的愛情最缺乏的就是思念，愛情沒有思念就沒有沉澱，沒有發酵的過程。這樣的話對於人的情感、對於愛情本身來說就被沖淡了。這種變化促使她思考，愛情對生命究竟意味著什麼？這種思考化作了《香氣迷人》中各具形態、撲朔迷離的愛情故事。小說講方剛一出生就顯示出特別的嗅覺，寫他童年的經歷，寫他父母的離異，寫他與一隻貓的神奇的心靈感應，寫那僅僅存於方剛心中的魚腥草，《香氣迷人》一切從愛情展開，從生活與情感的撞擊中展

開，一步步地剝開了被你自己好好地藏在心底的美好、掙扎還有無奈，那氤氳的香氣中總是忽隱忽現地摻雜著淡淡的哀愁。它告訴我們，每個人心中都應該期待和幻想一種最美的愛情，愛情就象那若有若無的香氣始終瀰漫於你的生命，沒有嘗到愛情滋味的人生是沒有意義的，哪怕這種滋味是酸楚的、苦澀的、甚至是痛苦的。

萬方說過，「我這個人寫小說，或者說我的興趣點完全在於我對人生的狀態特別感興趣。我覺得實際上故事呀、情節呀都是可以編造的，在創作中也必須要編造。但是人生的那種狀態是不能編造的，你要能夠把它準確地抓住、表達出來，這個是我非常願意做的。」《香氣迷人》中獨特的「人生狀態」的傳達得益於兩個方面，一是細節的渲染，生活中有很多緣於細節的感觸可能是常常被人忽略的，但是萬方作為作家，卻用一些不經意的細節，比如黑騎士、魚腥草、小瓶子等等，洇染成撲朔迷離的愛情故事，點化出細節背後的愛情意蘊。二是嗅覺的運用，莫言的《檀香刑》第一次引入民間說唱形式「貓腔」，用「趙甲狂言」、「錢丁恨聲」、「孫丙說戲」，訴說了一段傳奇歷史，營造了一個聽覺的世界；而萬方則著力於嗅覺世界的營造，在一種迷人的香氣裏訴說著主人公神奇的愛情。方剛的愛情故事，時時刻刻都伴隨著身體的芬芳，恬靜的氣息，濃湯的鮮美，還有酒的芳香，種種香氣撲鼻而來，給予我們強烈的氣態上的感受，直接烘托出最真實最感人的「人生狀態」。這讓我想起德國作家聚斯金德的小說《香水》，它也是著力渲染主人公格雷諾耶無比靈敏的嗅覺，他對人類的仇視就是通過氣味來表達的，而真正的美又建立在生命的骯髒氣味上，二十五位純潔少女身上的氣味正是一種美的極致。嗅覺世界的營

造，使得《香氣迷人》成爲當代文學中的「異數」，必將會在當代
文學史上佔據它的一席之地。

渾然氣象

　　幾年前，有評論刊物曾經推出一個欄目，名曰「尋找大師」。在這個所謂的後現代時代，「大師」之謂早已橫遭解構，非議迭出。將某人稱為什麼「大師」，總會將其推到一個尷尬境地，彷彿突然從平靜的雲端推到眾目睽睽之下，任人指手劃腳，自己卻不能多置一辭。其實，「大師」並不需要尋找，讀者心中自有一根秤桿，歷史也自有它奇妙的淘洗機制。像高行健這樣的作家即使獲得諾貝爾文學獎，也不過爾爾；而像賈平凹、莫言這樣的作家卻以自身的文學實踐，註定會在歷史上留下厚重的一筆。

　　賈平凹進入 90 年代以來，熱衷於長篇小說的創作，《廢都》、《白夜》、《土門》、《高老莊》、《懷念狼》、《病相報告》等長篇，一再引起文壇波瀾。這兩年，他又重拾中短篇小說的創作，接連發表了〈阿吉〉、〈獵人〉、〈餃子館〉等一批精品。雖然賈平凹自認為他已經迎來了人生中集中創作中短篇的第二次高峰，可比起早年的「商州系列」來，這批短篇小說，卻沒有引起文壇足夠的重視。其實，一個真正偉大的作家，不一定非得以長篇巨制名世，以短篇奠定經典地位的不在少數，愛·倫坡、馬克·吐溫、契訶夫、博爾赫斯莫不如此。難就難在長篇與短篇同樣傑出。賈平凹從短篇到長篇，再回到短篇，在簡單的故事背後蘊藏著不簡單的內涵，在短短的篇幅中展開了無限的小說空間，這讓我看到了一些大師的風範。

　　《聽來的故事》收集了 90 年代創作的 12 篇短篇，再加上原來從未結集的兩個中篇〈白朗〉、〈晚雨〉，薄薄的一冊，卻已盡顯姿態萬千的氣象。

　　開篇〈阿吉〉以阿吉爲線索，爲我們呈現了當今農村平靜而浮躁的日常生活，年青的阿吉們不甘心農村的封閉平庸，試圖與命運抗爭，可是骨子裏的小農意識卻讓他們處處碰壁，深刻體會著生活的無奈。外出打工，婚喪嫁娶，工程發包，扯淡閑諞等生活瑣事的描寫，構成了複雜多元的農村生活圖景。從阿吉身上，我們看到了阿 Q 的影子，對當代農民人性缺陷的關注使得〈阿吉〉餘味深長。誠如賈平凹所說，人性中的劣根如籠中的獅子，貧困常常使籠格腐爛。〈獵人〉堪稱是一篇短篇經典，它以一個荒誕的故事，寓言式的再現了人與自然的永恆母題。一個總想博取美色，並幻想吃上炒熊掌，爆熊掌的傢夥，在追擊狗熊的過程中，最終被似乎有了靈性的狗熊給徹底耍了。從麥爾維爾的《白鯨》到戈爾丁的《蠅王》，人與自然的搏殺始終是西方文學永恆的主題，而〈獵人〉卻舉重若輕，以一種幽默甚至荒誕的筆法，將此宏大主題表現得淋漓盡致。人對自然的索取佔有一旦越過一定的界限，總有一天會受到大自然的懲罰。〈餃子館〉可說是發生在我們身邊的黑色幽默，賈德旺開餃子館開成了政協委員，光宗耀祖，胡子文自以爲是高人一等的文化人，卻唯利是圖，熱衷鑽營。其實兩個人在本質並沒有太大的差別，最終都沒有逃脫金錢的誘惑，雙雙命歸在錢袋之下，讓人啞然失笑後又在胸中陡然升起一股酸楚。同爲文化人，〈梅花〉中的石魯則顯出高潔的品格。在他近乎分裂的思維與感覺中，唯有秦嶺深處的紅得像一點一點的血的梅花才是唯一的寄託。作者以簡練的筆觸，寫出了那個瘋狂年代作

爲個體的淒慘命運，寓涵著對那個時代的沉痛反思。古城的鐘聲依然迴響，可是它還能喚起人們多少的歷史記憶？……

博爾赫斯在許多小說的開頭都聲稱，他的故事是從某個朋友那裏聽來的，或是從某一本書裏看到的，他只是一個轉述者。他提到的朋友有名有姓，他提到的書酷似某一專著，如果由此你去尋找他的那位朋友，或者去尋找他讀過的那本書，那可真是上了他的大當。這只是博爾赫斯特有的敍述方式。賈平凹《聽來的故事》有的也許確實是聽來的，但經過他的想像、拓展、改寫，已經成爲作者對當下生活的重新敍述。跟博爾赫斯一樣，它們傳達的是作者對日常生活的詩性感受，從各個角度反映、解剖社會以及社會大變革中各色人等的生活形態，探索人性在傳統文化桎梏下的抗爭與人性的複雜。無論是山村草民，還是都市百姓，都表達了賈平凹對世俗的態度，一方面是對人性缺陷的失望與憤激，另一方面是救渡世人的急切願望。我們可以輕鬆地感受到無處不在的閱讀愉悅，可作品似乎觸手可及又似乎遙不可及的深層意蘊，總是一次又一次地挫傷你的閱讀自信。我們總是說「平和沖淡」，卻不曉得沖淡平和中可以滲出多少苦味，有怎樣令人心弦顫動的深意猶在言外，在賈平凹這裏我們是知道了。我們由此可說自己對生活、對人性的體悟是給提升了。在一個極簡單的故事裏，我們除了看到物質的需要、精神的需要外，還看到了靈魂的需要。

《聽來的故事》來自「商州」，又超越了「商州」，這不僅是說它們內容上與早期「商州系列」的不同，由以前對人生命運的揭示上升到人性弱點的反思，更重要的是這些作品所顯示出的渾然氣象，其技術上的老到純熟真正應了「大巧若拙」這句話。到了這種境界，自然無需精心營構什麼動人的情節、講究什麼敍事

章法，一切都是那麼自然隨意，水到渠成。賈平凹對中國畫也有
頗深的造詣，這些短篇倒更像中國畫中的寫意，〈小楚〉、〈聽來的
故事〉幾乎只是小品，隨興而爲，講究的卻是天人合一，生氣貫
注。感悟、智慧、敍事、描寫、情節，甚至還有佛意等等早已融
爲一體，化爲一股氤氳之氣瀰漫於文本之中。不必尋找什麼思想，
什麼技巧，這股渾然之氣已經決定了作品的價值、風度與張力。
沒有這種氣象，決難產生真正意義上的偉大作家。賈平凹最大的
成功就在於，從來不甘於自己的現狀，總是在尋找變化和前進的
可能，他用最地道的中國式的表現方式，傳達了現代中國人的生
活與情緒，達致了一種很有現代感的精神境界。這種境界我們不
妨以「渾然氣象」名之。僅憑這一點，你就不得不承認，賈平凹
是擔當得起「大師」之謂的。

爲誰而等待？

　　1999年和2000年，美籍華裔作家哈金以一部《等待》（*Waiting*）連續獲得「美國全國圖書獎」和「美國筆會/福克納小說獎」，一舉囊括美國文學的最高獎項，引起不小的波瀾。在《等待》之前，哈金已經出版了詩集《於無聲處》（*Between Silences : A Voice from China*）、《面對陰影》（*Facing Shadows*），短篇小說集《辭海》（*Ocean of Words : Army Stories*）、《紅旗下》（*Under the Red Flag*）、《新郎》（*The Bridegroom*）以及長篇小說《池塘裏》（*In the Pond*）等等，也贏得了一些聲譽，可直到《等待》，才讓他成爲一個備受矚目的作家。全國圖書獎設立 50 年以來，獲此大獎的母語非英語的移民作家只有三位，辛格（I.B.Singer）、科辛斯基（J.Kosinski），還有就是哈金（Ha Jin）。哈金自述，當初決定用英文寫作，只是爲了生存之道，並沒有奢望獲獎，現在的成功，真應了一句古話，「無心插柳柳成蔭」。

　　《等待》講的是愛情，卻沒有什麼扣人心弦的浪漫故事，作者以一種異常冷靜的筆調，給我們講述了一個平淡得有些乏味的愛情故事。可是，18 年的愛情。18 年的等待，又蘊藏著不盡的悲哀與無奈。故事發生在文革時期的中國北方，軍醫孔林隻身在外地醫院工作，認識了女護士吳曼娜，一個有文化又活潑的城裏姑娘。兩人好上之後，孔林爲了能與曼娜廝守，也爲了擺脫父母之命的包辦婚姻，孔林每年都要回家鄉跟元配妻子淑玉打離婚官

司。小說的第一段話就是：「每年夏天，孔林都回到鵝莊同妻子淑玉離婚。他們一起跑了好多趟吳家鎮的法院，但是當法官問淑玉是否願意離婚時，她總是在最後關頭改了主意。年復一年，他們到吳家鎮去離婚，每次都拿著同一張結婚證回來。」

　　當時孔林所在的軍隊醫院有一個不成文規定，只有在分居18年的情況之後，部隊幹部才可以不經妻子同意，單方面離婚。為此，這一對苦戀的情人，耗盡了漫長的生命時光，從青春飛揚到雙鬢蒼蒼，等到英雄凋零、美人遲暮，他們才終成眷屬，如願以償。然而，18年的奔走，18年的等待，所有的熱烈情懷早已不再動人，留下的只是現實生活的壓力，把他搞得身心疲憊。孔林就想：我花了這麼多年做成的事，究竟有什麼意義？他悲哀地發現，18年的等待中，自己一直渾渾噩噩像個夢游者，完全被外部的力量所牽制。驅動自己行為的是周圍人們的輿論、是外界的壓力、是自己的幻覺、是那些已經溶化在自己血液中的官方的規定，以為凡是得不到的就是心底裏嚮往的，就是值得終生追求的。……

　　小說的主要人物有三個：孔林、吳曼娜，還有劉淑玉。孔林儒雅文靜，對人和氣，工作負責，生活節儉，自始至終都受傳統、道德、規定的制約，所以軍醫大畢業的他竟會順從父母意志，娶了沒有文化的看上去樣子比實際年齡大十歲的小腳姑娘淑玉。他和淑玉之間沒有愛情，也沒有共同的話題，唯一的聯繫是他在經濟上一直負擔著這個家。淑玉是善良溫順的北方農村女人，由父母做主嫁給孔林後，任勞任怨，操持家務，是公認的好媳婦。小說最後，她和孔林形式上離了婚，心裏卻從沒有放下過孔林，還用自己的方式愛著這個男人。而吳曼娜主動熱情，情感專一，人長得還算漂亮，她渴望幸福，卻把幸福寄託在婚姻和男人身上，

長年的等待最終把她從一個惹人喜愛的年輕姑娘變成了無可救藥的潑婦，長久無望的等待中所遭受的痛苦和消沉，化解了她溫柔的本性、腐蝕了她的心靈、也摧殘了她的健康。

是的，這是一個沒有愛情的愛情故事，孔林綿軟得有些窩囊的性格甚至都不給作者有描寫激情的機會，然而，對於作家來說，這正是一個挑戰：你能把一個沒有愛情的愛情故事寫得直逼人心充滿張力嗎？哈金做到了，他以自己簡練的語言，深刻的觀察，在看似平淡的生活中揭示了隱藏在我們內心的難言的荒誕。在小說的末尾，有這樣一些獨白：「時間不能證明任何東西。實際上，你從來沒有愛過她。你不過是一時衝動罷了。你的這種衝動根本沒有發展成真正的愛情。」孔林等了 18 年，只是爲了等待而等待。18 年的苦苦等待，伴隨著的是人的精神和心靈一點一點地變得扭曲、空洞，最終失去了愛的激情，愛的能力。愛情的脆弱，人性的曲折，等待的假像，訴說著愛情的無奈和悲哀。哈金以舒緩的節奏，冷靜的語調，巧妙地將一個感情悲劇寫得叫人悲從中來，悵然莫名。

尤其值得稱道的是，哈金在後現代當道的美國文壇，竟然堅持了傳統的寫實主義手法。福克納基金會稱他爲「在疏離的後現代時期，仍然堅持寫實派路線的偉大作家之一。」哈金的《等待》摒棄了各種技巧佐料，只是照了生活的本色去寫。他克制著自己，不讓自己輕易滑入小說的世界，所有的懸念衝突、情節發展都來自於生活流程，合著生活本身的邏輯，儘量不留下什麼人爲的痕跡。這樣，生活背後潛湧著的巨大力量不僅操縱著人物的命運，也強烈衝擊著讀者的心靈。《等待》以溫婉細緻的寫實風格，平淡動人的細節描寫，還有力透紙背又不動聲色的白描手法，向我們

展現了作者深刻的洞察，顯示了作品動人的力量，正如美國筆會的評審委員所說，「哈金深刻理解個人與社會、永恆的人類心靈與變化不居的環境之衝突。他以智慧和對書中角色的同情理解，揭示了世界的複雜與微妙。」哈金以移民作家的身份選擇以英語寫作，付出的心血非比尋常，他不再以販賣中國情調吸引英語世界的好奇的眼光，而是選擇了以更沉潛的角度來反思自己母語文化的過去，來展現文化衝突、時代變動以及個人流離認同等一系列問題，這或許是哈金創作更深層次的價值之所在？

「我的書本去的地方」

　　近些年華人作家的非母語寫作越來越成氣候，不斷有作品問鼎深具影響的文學大獎。裘小龍的這本偵探小說《紅英之死》，先是入圍美國愛倫・坡推理小說獎、白芮推理小說獎，而後又獲得第 32 屆世界推理小說大獎「安東尼小說獎」，紐約的《新聞日報》還把它評選為 2000 年度十部最佳小說之一。西方的推理小說傳統源遠流長，裘小龍能憑籍偵探小說打下一片天地，著實不易。

　　還記得上世紀 80 年代，如癡如醉地閱讀裘小龍翻譯的《四個四重奏》的情形，他翻譯的很多英美現代派詩歌，特別是美國意象派詩歌、T・S・艾略特、葉芝等人的詩作，曾經風靡一時，傾倒了一大批如饑似渴的文學青年。80 年代末期，裘小龍到美國留學，特地選擇了美國密蘇裏州的聖路易市，因為那裏是艾略特的故鄉。誰知他一不小心，卻從一個詩人和翻譯家轉型成為一個推理小說家。據說，他一開始並沒有想到自己會寫一部偵探推理小說，只是當年攻讀研究生時，作為消遣讀過許多西方偵探推理小說，覺得與其煞費苦心地去另起爐灶，倒不如直接採用這種熟悉的小說模式。沒想到，2000 年第一部推理小說《紅英之死》（*Death of a Red Heroin*）出版，一炮走紅，一時間好評如潮，贏得廣泛的讚譽。中譯本的封底也循西方貫例，不避商業炒作的嫌疑，印出西方一些書評人的讚美之詞，甚至用上了「無與倫比」、「無可比擬」、「絕對精彩」之類的辭彙。不知道英文原文用的什麼字，反

正中文如此。

　　然而，不知道是我的期望值太高，還是自己的閱讀趣味的問題，我讀完之後的第一感受竟然也是四個字：不過爾爾。

　　小說故事圍繞一樁謀殺案來展開。1990 年 5 月的一天，H 市近郊的運河中發現了一具女屍，經調查，死者是新大陸商廈的員工、全國勞動模範關紅英。此案由年青的公安幹警陳超和同事于光明負責，而後的偵察、破案，都亦步亦趨地遵循推理小說的傳統。他們很快發現，關紅英一直過著雙重的生活：一方面是謹嚴死板的女勞模；一方面又過著隱蔽墮落的放蕩生活。幾經周折，他們終於找到殺死關紅英的兇手，一個有著顯赫背景的高幹子弟、攝影家吳曉明。他借拍照之機，與很多女性關係曖昧，甚至一起拍了很多色情照片。關紅英是吳曉明逢場作戲的情人之一，可她為了成為吳曉明的合法妻子，卻用那些色情來要脅吳曉明，結果惹來殺身之禍。陳超在他的女友，也是一位更高位置的高幹的女兒的幫助下，才最終將吳曉明繩之以法。

　　以我們閱讀愛倫·坡、柯南·道爾、愛葛莎·克利斯蒂、喬治·西默農的經驗，西方典型的推理小說的趣味就在於懸念的設置，「到底是誰幹的？」的疑問會一直抓緊讀者，直到小說最後真相大白。兇手往往是起初看起來最不像的那一個人。複雜的動機與難以追索的證據，將小說一步步地推向深入。相形之下，《紅英之死》並沒有傳統推理小說謎一樣的線索，主要嫌疑犯吳曉明很早就已現身，陳超的主要精力一方面是尋找證據，另一方面是抵禦來自外界的種種幹擾，這成為推動小說發展的重要力量。從小說結構上來說，《紅英之死》顯得相當的單一，基本上圍繞兩個人物、兩條線索展開，一個是陳超及其朋友王楓、淩、盧華僑，一

個是于光明及其妻子佩青、父親老獵手，作者試圖通過這兩條線索，一方面推動小說的發展，另一方面也勾畫出 90 年代中國新舊的交替、權力的消長，尤其是傳統的價值觀念與物欲橫流的現實之間的衝突，賦予小說更深的內涵。

應當說，對於西方讀者來說，《紅英之死》的魅力，不只在於它的推理偵探，而且在於小說透過推理偵探，比較自然地對 90 年代初上海的那種世俗生活，尤其是那個特定的時代人格的扭曲作了相當的表現。那個時代雖然過去了沒多久，可是很多事情已經是恍若隔世。在女勞模「關紅英」的時代，「非法同居」還是一個相當嚴厲的罪名，可表面嚴肅正經的女勞模，暗地裏卻與有夫之婦吳曉明有著瘋狂的肉體生活。作為一個年輕的女人，「勞模」只是她的生活面具之一，在這個面具之下，她放縱著自己的情欲本能，過著雙重人格的生活。關紅英悲劇所隱藏的各種矛盾、曖昧和吊詭，最集中地體現了那個特定時代的「不能沉受之重」：急劇變化的社會新觀念、遙遠的烏托邦理想和現實的欲望滿足、內心深處真正的渴望與正式場合下的偽善等等，在小說中的人物身上，幾乎多多少少都有所體現。我以為，這是小說最為成功之處。

然而，過猶不及，可能作者的寫作過多考慮了西方讀者的趣味，小說也不自覺地帶上了明顯的意識形態性，以至有些地方顯然對小說構成了損害。比如張政委這個人物的設置就顯得有些多餘，他在小說中的唯一作用就是渲染政治的干預，滿口的政治話語，對西方讀者來說很是新奇，可對小說來說其實毫無必要。也是考慮到小說的閱讀語境，作者特地把陳超的身份設計成警官兼詩人，時不時地引上一些中國古典詩歌，甚至還不厭其煩地介紹中國的一些特色小吃，這些手法偶一為之，無傷大雅，可是一旦

作為致勝法寶，或許會適得其反。

　　想起裘小龍翻譯的葉芝的一首小詩，〈我的書本去的地方〉：「我所學到的所有言語，/我所寫出的所有言語，/必然要展翅，不倦地飛行，/決不會在飛行中停一停，/一直飛到你悲傷的心所在的地方，/在夜色中向著你歌唱，/遠方，河水正在流淌，/烏雲密佈，或是燦爛星光。」這本《紅英之死》對於西方讀者來說，或許是「燦爛星光」，可是，對我來說，那些燦爛的星光，還是閃爍在裘小龍的譯作或詩作之中。裘小龍最近又出了一本《忠字舞者》，已經從《萬象》上看到了相關的評論，還有作者的「打書」日記，期待著能早日讀到，但願能修正我的一些看法。

「三十九年後，我向西飛去」

　　一個名叫趙蘅的女子用她的畫布與文字，記錄下了她生命中更迭的兩個歐洲。

　　「我等待與歐洲這塊大陸的重逢，彷彿是用了畢生。它的開頭發生在 1945 年，而結尾正是由我的這趟遠行才畫上了句號。」

　　20 世紀 50 年代，在東西兩大陣營嚴峻對峙的背景下，這位戴著紅領巾的中國少先隊員有幸隨前往講學的父親趙瑞蕻教授和翻譯家的母親楊苡，在民主德國的萊比錫城住了一年，以一個小學生純樸、好奇的眼睛，目睹了戰火 10 年後重建中的歐洲。在那裏她學會了畫第一隻蘋果，開始了自己的藝術之路，而且結識了德國姐姐瑪麗。兩位不同國籍的女孩在二戰創傷隨處可見的城市裏結下了深厚的友誼，從此彼此不能忘卻。三十多年後，趙蘅再次踏上歐洲土地，舊地重遊，讓她觸景生情，夢裏不知身是客；撫今追昔，桃花依舊笑春風。她執著地打聽瑪麗的下落，最後兩人終於在德國重逢。重拾畫頁的趙蘅用細膩的筆觸將她與瑪麗的重逢乃至整個歐洲之行用文字、美術作品、照片記錄下來，化作了〈那年我十二歲〉、〈三十九年後，我向西飛去〉、〈重見瑪麗〉、〈穿越英吉利海峽〉、〈尋訪呼嘯山莊〉等一篇篇低回婉轉的佳作，形成了這本裝幀精美、獨特無二的《拾回的歐洲畫頁》。「這是一本出門闖蕩的書，一本出門看畫的書，更是一本出門尋故的書。」它有一種樸雅的氣韻，又有一種藝術的張力，對你產生無言的閱

讀召喚。一頁頁的翻閱，似乎在品味歐洲街市邊一杯香濃幼滑的咖啡，似乎可以看見歐洲風景中一道濃郁的東方色彩，在穿越，在融合。

歷史長河綿延，文化大海無垠，任何的文化大家的作品都不可能越過大海長河，因為歷史總是筋骨相連，文化總是血脈相延的。中西文化的交匯在趙蘅身上也經歷了近 30 年的磨練與等待。在她歐洲的畫頁裏，我們看見的不止是一個出色的藝術家對於歐洲秀美風景的描摹，看到的不僅是那些隨意塗抹點染中形形色色的異邦的山川風物，我們跟著她徜徉塞納河畔，流覽盧浮宮，然後走出巴黎，走到義大利、奧地利、德意志、英倫三島甚至西班牙邊境小鎮，在漫遊的背後是一個中國藝術家對歐洲文化的重新體認，承載著歐洲藝術文明的驕傲，也凝鬱著趙蘅內心與歐洲文明的對話和感受。她並不是一個走馬觀花的閒逸的旅行者，她的內心有著相隔半個世紀的兩個歐洲的更迭，她竭力尋找的還有記憶中的歐洲某些瑣碎、細膩的片段。歷經半個世紀的交錯，今日的畫頁中除了那鮮潤飽滿的蘋果之外，歐洲早已經物是人非，她對遠逝的那個歐洲的懷念，對歐洲文明情味的不離不棄，就隨著那些陳年照片、速寫、油畫、手跡、手繪地圖，絲絲縷縷的流入了她的筆端，筆底滄桑也就油然而出。

蘋果是趙蘅藝術文化的一種表達，其中〈蘋果傳說〉就專門敘寫她在巴黎的蘋果畫展，趙蘅畫筆抒寫的每一縷都凝結著父輩們的呵護，都深深潛隱著父輩們給予的藝術胎痕。她的舅舅楊憲益、舅母戴乃迭是著名的翻譯家，一生譯作無數；她的父親趙瑞蕻也是著名的學者和翻譯家，半個多世紀前翻譯的經典名著《紅與黑》影響了一代又一代的讀者；她的母親楊苡三十五歲時就已

經譯出了世界名著《呼嘯山莊》。趙蘅在歐洲大陸苦苦尋找的不僅有自己的似水年華，還有父輩們的畢生追求，支配她重拾畫頁的是兩代人「用整個一生為之奮鬥的共同理想」。〈尋訪〈呼嘯山莊〉〉就寫她以《呼嘯山莊》中文譯者楊苡女兒的身份，獨自來到英國北部約克郡的一個曠野小鎮，尋訪勃朗特故居，終於為母親圓了訪問艾米莉故居的夢。她徜徉在上個世紀英國人的精神家園裏，雖然遙遠，彷彿又離她很近，因為她是楊苡的女兒。在精神上，她們母女已經再也走不出「呼嘯山莊」。

趙蘅在《後記》裏說，「感謝上天賜給我如此慷慨仁慈的父母，沒有他們的愛，我沒有這一切！人類生命的延續，應該是文化的延續。我將繼續效仿他們，將心中的光明去溫暖這個喜憂參半的世界。」我想，這是趙蘅寫作的全部動力，也是《拾回的歐洲畫頁》的最大價值。

人間四月讀書天

讀書人總免不了有一些癖好，每天上床前總會隨手拿上兩三本書，窩在床頭，隨意而讀，困了，信手一拋，鼾然而睡。沒有幾天，床頭的書就已經堆積如小山，混亂不堪，只得將它們全數清光，沒幾天再故技重演。

在床上看書要想舒服，翻什麼書是最重要。它不可能是大開本的精裝書，太厚，太沉，這不是享受，簡直是受罪。不要說在床上看，平時在書房裏看書，我也對精裝書沒什麼興趣。床上當然也不能看那些高頭講章式的理論著作（像《管錐編》那樣充滿機智與挑戰的書除外），除非你想借此催眠。至於什麼書比較適合枕邊閱讀，那真是見仁見智。可以唐詩宋詞，也可以是諸子百家，可以是沈從文、汪曾祺，也可以是博爾赫斯、奈保爾，可以是大江東去，也可以是小橋流水，古今中外，無所不有，無所不及，雖是信手放置床頭，每本書卻都自成風景。

最近，河北教育出版社推出了一套《枕邊書》系列，說是要借此重現古典文化之美，提供新情趣閱讀的樣本，其實就是最好的床頭書。它採用模擬宣紙效果的特種紙，直排印刷，非標準的16開的欣長開本，而且還是手工線裝裝訂，這在現代圖書中實屬罕見。優雅而輕薄，有一種古典的慵懶，持卷閑覽，端的賞心悅目。每冊圖書都圍繞一個傳統意象或主題，如「吉祥」、「陶陶然」、「春日將至」、「三月」、「酩酊」、「桃之夭夭」、「情書」、「丁香」

等等，精選出最能體現這種意象或主題的中外經典詩賦美文的片斷，再配以大量精美的彩色插圖，創造出優美、浪漫、閒適的閱讀情境，讓人讀的時候從身心到容顏都有了暗香拂過的潤澤。這套書名爲《枕邊書》，其實最好不要放在枕邊看，放到枕邊閱讀反而不太合適，壓壞了，更是叫苦不迭。最好放到書櫥裏，看之前再考慮一下要不要洗手。河北教育出版社做的書真的是越來越漂亮了，漂亮得幾乎有點奢侈，雖然價格不菲，可依然阻擋不了強烈的購買欲望，這背後隱隱透出策劃者和出版者的一絲狡點。

我讀到的是《春日將至》、《三月》、《陶陶然》一函三冊，光是這三個片語就已經讓人感到撩人的春意。T‧S‧艾略特說，「四月是最殘忍的一個月，荒地上/長著丁香，把回憶和欲望/參合在一起，又讓春雨/催促那些遲鈍的根芽。」可我們從這三冊書裏，看到卻是春天的盛宴，書裏處處瀰漫著很溫暖很淡雅的春的氣息，而有春天氣息的書是適合在春天裏閱讀的。人間四月讀書天，我們在古色古香的淡黃色宣紙上與春天相遇，彷彿感覺到，那堅硬的小蓓蕾，正在一點點長大，直到繁花在枝頭綻放，這種期待其實始終潛藏於心的深處。在繁忙的日子裏，我們被都市的嘈雜與凡俗緊緊包圍，偶然看見藍天白雲，驀然之間，我們又有了春日將至的感覺，就像海子的詩：「從明天起，我做一個幸福的人　餵馬，劈柴，周遊世界　從明天起，關心糧食和蔬菜　我有一所房子，面朝大海，春暖花開」。春日將至，便是面朝大海，感受從大海上湧來的無限春意。時值「三月」，外面櫻花已近凋謝，這裏卻是繁盛一片，花團錦簇，枝條垂映，搖曳生姿，三五好友，出遊嬉戲，婉轉吟唱，無處不充滿明媚，充滿了希望。三月能把沉睡的人喚醒，也能把醒來的人灌醉，讓人逍遙在大自然的懷抱裏。《陶

陶然》中充滿陶淵明式的詩作詞賦，那些詩小的時候背過不少，現在對於它們的記憶好像班駁的樹木表皮，脫落一部分，留存一部分。重讀它們，如同對著往事微笑。雖然采菊東籬下，悠然見南山的高遠之境令人想往，可我並不很喜歡，任何人都不可能以逃避生活來獲取心靈的平靜。現在我也不能感到陶陶然的片刻。我知道戰爭在繼續，無謂的人們在愚蠢的犧牲。我時常爲此感到焦慮。可戰爭依舊在蔓延，奧斯卡頒獎不延不誤。有人指責，有人大罵，更多人冷漠觀望。很喜歡曾在奧斯卡獎上大出風頭的《時時刻刻》，還有其中被嚴重自殺傾向誘惑的伍爾夫夫人。想起她的一句話：我們應該看清生活的真相或者稱之爲本質，然後愛上它（You have to look into the face of life, then love it.）。這生活的真相或本質，怕不會是寄情山水，歸隱田園的「陶陶然」吧？或許轉過身去，放棄思想，才能歌唱？

夢魂長逐漫漫絮

　　楊絳先生的新作《我們仨》出版了。這是一部浸滿思念的家庭回憶錄。1997 年春，錢鍾書夫婦惟一的女兒錢瑗去世，1998年 12 月，錢鍾書先生也遽歸道山。在獨自感受失去愛侶嬌女的悲傷與蒼涼後，九十二歲高齡的老人以心為筆，記錄下了這個家庭63 年的相守相助，相聚相失。

　　《我們仨》本來是病中的錢瑗想寫的一篇文章，可是病痛的折磨，使得她沒能夠寫完。幾年之後的今天，楊絳先生終於為女兒圓了心願。這個特殊家庭 63 年風風雨雨的回憶由一個夢境展開，長長的夢境伴隨著「我們仨」最後幾年一家人相依為命的感情體驗，「我們倆老了」、「我們仨失散了」，依憑意識的流動，亦真亦幻，虛幻的夢境與真實的生活，清晰地傳達了楊絳面對相聚與分離時，「夢魂長逐漫漫絮，身骨終拼寸寸灰」的複雜情感。這部分文體上的推拉遠近，化入化出，時空切換，讓人頓生不知今夕何年之感。

　　全書最主要的是第三部，「我一個人思念我們仨」。這是一段溫婉平實的文字，記敍的是日常的枝節，卻處處顯出濃鬱的人情味。楊絳以她慣常的冷靜而諧趣的筆法，記錄了從 1935 年伉儷二人赴英國留學，並在牛津喜得愛女，直至 1998 年錢先生逝世，63 年間這個家庭所經歷的人生與時代的風雲變化：求學、戰爭、疾病、政治風暴、生離死別。特別令人感歎的是，三個酷愛讀書的聰明

人在平乏的生活中調侃取樂，笑對人生，他們下館子還兼帶看戲——觀察其他桌上的客人這樣淘氣的舉動也讓他們樂此不疲。書後面附錄種種稚拙的畫像，令人忍俊不禁。一家人之間的親情在畫片與文字間行走。一個個相持相助、自得其樂的生活細節，消解著那個時代知識份子家庭的困苦，於是，那些困苦都顯得那樣的淡然，有如是平凡家庭的日常瑣事。當然，在這份淡然裏，我們也讀出了深深的思念，難以言表的親情與憂傷一直瀰漫於字裏行間。

「我們這個家，很樸素；我們三個人，很單純。我們與世無爭，與人無爭，只求相聚一起，相守一起，各自做力所能及的事。」這是「我一個人思念我們仁」開場白中的句子。對於無數的「我們仁」而言，家其實就是心的聯結，樸素的家、單純的人、平凡的生活才是家的本意。《我們仁》的封頁上，淡淡的白色手寫體字母「Mom，Pop，圓○」隱隱的映現於佈滿瓦通細直紋的淺咖色，樸素的裝幀設計，卻透出一絲絲親切，包圍我們的是歲月沉積的溫情。

《我們仁》是一部純粹的個人化的回憶錄，對於錢鍾書一家人的生活，在以往有限的資料裏我們瞭解甚少。尤其是書裏對錢鍾書留學時代的生活，所述頗詳，有相當的價值，也很能滿足一般讀者的願望。但《我們仁》畢竟只是一部文學性的回憶錄，或許可以稱為紀實文學，如果視之為錢學研究的權威闡釋，那恐怕會難免有一點失望的。我所欣賞的是楊絳先生對生死的通透。《我們仁》在她眼中是一個「尋尋覓覓的萬裏長夢」，她將這個長久以來伴隨她的夢境記錄成了書。法國詩人馬拉美說：「世上的事，最後歸結為一本美麗的書。」楊絳做到了，失去親人的痛苦，化為

一冊「美麗的書」。人間的快樂總是和痛苦相對應而存在，沒有單純的快樂，也沒有永遠的痛苦。「世間好物不堅牢，琉璃易碎彩雲散」。分離的無奈使我們相信，動人的不僅僅是浪漫的愛情，相守的親情，還有「我們仨」對命運的抗爭，對生、老、病、死的透徹豁達：

　　「我清醒地看到以前當作我們家的寓所，只是旅途上的客棧而已。家在哪裡，我不知道。我還在尋覓歸途。」

花開水流兩無情

「於千萬人之中遇見你所要遇見的人，於千萬年之中，時間的無涯的荒野裏，沒有早一步，也沒有晚一步，剛巧趕上了，那也沒有別的話可說，惟有輕輕地問一聲：『噢，你也在這裏嗎？』」（張愛玲：《愛》）

大凡著迷張愛玲的人，沒有不知道胡蘭成的。張愛玲文章中的這段話，也有意無意地成為她與胡蘭成關係的生動寫照。可是，胡蘭成的《今生今世》，恐怕很少有人讀到全本，最多也就是《民國女子》再加些片斷而已。對於張迷們而言，就像胡蘭成說的那樣，「世上但凡有一句話，一件事，是關於張愛玲的，便皆成為好」，於是口口相傳，演繹出一個又一個的神話。《今生今世 —— 我的情感歷程》是目前大陸僅見的最全的本子，不知道張迷們讀了，又會有什麼樣的感想？

胡蘭成不是普通的人，他是當年汪精衛的紅人，汪偽南京政府宣傳部政務副部長，《中華日報》社論委員會總主筆，說他是個大漢奸，一點也不為過。可胡蘭成也端的了得，竟輕而易舉地從紛繁複雜的政治漩渦裏淡出，以一種溫潤簡靜、別致清明的筆觸，將他的「愛情」一一道來，人生感慨，通透一切。政治上的纏夾，竟淡漠得近乎虛無。「外面天荒地老，卻什麼心思亦沒有。」胡蘭成回憶了一生中六個重要女子：婚後七年病歿的髮妻玉鳳，「民國女子」張愛玲，武漢護士周訓德，溫州范秀美，日本女子一枝，

還有老來相伴的奇女子佘愛珍。胡蘭成自己說：「我與女人，與其是愛，毋寧說是知。」他與這麼多的女子，好像沒有過如火如荼的愛戀，只是一個淡淡的知字。胡蘭成與張愛玲淡淡地相識，淡淡地相知，也是淡淡地分手。不是說他們沒有過感情的激蕩，只是這種激蕩也是以一種異樣的方式來表現的。張愛玲情意初露時，在一張照片的背後寫的一句話，已然透露出她的心意：「見了他，她變得很低很低，低到塵埃裏，但她心裏是歡喜的，從塵埃裏開出花來。」不問世事、心性高傲的張愛玲竟然與慣於官宦沉浮、長袖善舞的胡蘭成走到了一起，不能不讓人感歎感情和命運的神秘。張愛玲把兩人的情緣跟「塵埃」相聯繫，似乎早已預見日後的淒涼結局。

胡蘭成總是自稱「天涯蕩子」，這蕩子不僅有才，亦且有情。他對生命中的每個女人，都是一視同仁，從不厚此薄彼。他知道每個女人的好，不拿一個比一個，也不因為一個而忘記另一個。張愛玲這樣的女性，已經是不可多得的了，但是對於胡蘭成，依然只是此生裏一段波瀾而已。有人說，若以見異思遷來形容胡蘭成，亦是可以的，但這無關乎道德，毋寧說關乎人性。胡蘭成的文字有實誠摯真在裏頭。只要有這樣的實誠，一切就是清爽可喜的。這話倒也有幾份道理。胡蘭成說起這些女子來，甚至說起人世萬物來，都有一種欣賞的心態，於人有情，於物有情，於人世亦有情。這讓他的多情風流變得自然而然，不礙不滯。只是這種多情的背後，隱隱還是透著些無情。這些生命中的感情故事跟他的宦海沉浮，最終都成為流水落花，不留痕跡，消隱於青山綠水。胡蘭成用他明淨的筆調，獲得了徹底的「解脫」，「回到了天地之初。像個無事人。且是個最最無情的人。」多情與無情，對於這

麼一個天涯蕩子，原本就不是那麼分明的。

　　姑且不說胡蘭成的多情無情，也不說他的政治失節，只看他的文字，倒確實是別具風致。錢鍾書早就說過：「詞章宜若自肺肝中流出，寫心言志，一本諸己，顧亦未必見真相而征人品」，巨奸可爲憂國語，熱中人可作冰雪文，評諸胡蘭成，倒也貼切。余光中認爲胡蘭成「文筆輕靈圓潤，用字遣詞別具韻味，形容詞下得尤爲脫俗。胡蘭成於中國文字，鍛煉極見功夫，句法開闔吞吐，轉折迴旋，都輕鬆自如，遊刃有餘，一點不費氣力，『清嘉』而又『婉媚』」。我感覺胡蘭成的文字上承周作人、廢名、沈從文，往下又有汪曾祺、賈平凹，還有臺灣的朱西寧、朱天文、朱天心父女，在這樣一個傳統中，胡蘭成依然彰顯出自已的風致。而且，張派小說綿延不斷，「落地的麥子不死」，胡蘭成的作用也不可忽視，缺少了他，幾乎會改寫從張愛玲到朱天文、朱天心的「影響鏈」。《今生今世》的很多段落，是經得起反覆咀嚼的。對他的多情節虧，心裏輕歎可惜；對他的文字才氣，則念念不忘。「今生無理的情緣，只可說是前世一劫，而將來聚散，又人世的事如天道幽微難言。」「女人矜持，恍若高花，但其實亦是可以被攀折的，惟也有拆穿了即不值錢的，也有是折來了在手中，反覆看愈好的。」「回來時在阡陌上走，斜陽西下，餘暉照衣裳，小娘娘的臉有一瞬間非常俊麗，令人想起世事如夢，如殘照裏的風景。一樣的西風殘照，漢家陵闕，就巍峨如山河。」……這樣的句子，清正裏帶著些苦味，通透裏帶著些婉媚，引得讀者頻頻喊好，也把他的一生編織得端正妙嚴。「日月麗於天，江河麗於地，世上的一切無有不好」，這不僅指他的文字，還有文字背後的一切。

「這些憂鬱的碎屑」

　　散文是美的文體。美在真誠，美在清水出芙蓉、天然去琢飾的自然，其至高境界則是自由。散文又是成熟的文體，本身就包含著閱歷與睿智。一代「鬼才」黃永玉沒有受過系統的正規教育，便少了些清規戒律，少了些拘謹，可以隨性情而行，自由大膽地進行著他的藝術探索。他看重的是如何最充分、最自由地表達自己的思想感情，重在過程，而非結果和表達方式。一次次聚合分離、一段段的憂傷快樂，哪一段不是濕漉漉而又沉甸甸，散發著悠長的醇香。

　　黃永玉曾經說過：「文章是為紀念一些山水和人物寫的。山水常在，尊敬的人物已經消逝。我存心不評論作品的原因是 —— 這些人要不是我的親戚、朋友，便是我尊敬的師長。只由於接近的方便，我提供一些他們生活、思想的片斷，也許對今人或後世有些用處。所以我寫人。寫我自己的經歷時，也以那些教育我、幫助我、收留我、愛我、恩情難忘的人與山水為主。」（〈這些憂鬱的碎屑・序〉）可以看出，黃永玉的散文一是寫恩情難忘的山水與人物；二是寫人物生活和思想的片斷，以片斷寫全人，進而寫時代。〈比我老的老頭〉同樣是以碎屑見真意的懷人之作。老年的黃永玉毫無衰老疲弱之態，篇篇筆走龍蛇，縱橫開闔，雄健而有力度，字裏行間充滿意趣、理趣、情趣，既蘊涵著豐富的人生智慧，又顯現出強勁的生命活力。「庾信文章老更成，凌雲健筆意縱橫。」

在他筆下，沈從文、張伯駒、齊白石、張樂平、李可染、錢鍾書、陸志庠、苗子、郁風等文化名人個個有血有肉，性格鮮明。乍看雞毛蒜皮、七零八碎，其實反映了時代的本質；而且群星璀璨，相互輝映，自然具有了一種「通徹的文化厚度」。重要的是它寫了人和生活，「那批人死了，卻活在後人的心中」。在黃永玉看來，如果寫文化名人，比如寫齊白石、張大千等等，不能只寫神聖莊嚴的一面而「丟棄珍貴的人間平凡歡樂溫暖」，應當寫寫他這個「人」；寫寫他成為「人物」的時候那點生活、那點瑣碎、那點成績的必然根由，「寫經歷、結交、脾氣、愛好、工作，瑣瑣碎碎，形成一部大書，那就不僅僅是有用而且是有趣和全面地有益了」，因為這樣能夠寫出「一個立體之極的文化時代」。黃永玉的散文集雖然寫「片斷」和「碎屑」，卻擁有「大書」價值，不乏「大書」的深刻厚重，又不像某些作品那樣缺少人間意味、生活細節和藝術情趣。

〈這些憂鬱的碎屑 —— 回憶沈從文表叔〉是一篇很有名的散文。沈從文與黃永玉情同父子，黃永玉從小就受沈從文的影響，長大後又一直通信，促使黃永玉回京的的兩人中的一個就是沈從文。這篇文章向讀者提供了大量親見親歷、鮮為人知的材料，提出了許多經過長期觀察和深入思索、既獨到又帶著親知色彩的見解，作品的真實性無庸置疑，同時又不乏深度和廣度，感情真摯、強烈，文字表達既蘊藉又瀟灑。他對沈從文性格的描寫，有不少超乎讀者的意料，仔細品味後又非常合乎情理的筆墨。比如寫沈從文 1949 年因不適應巨大的社會變革發生的精神失常，1950 年在啟蒙性政治活動中出現的神魂飄蕩，1953 年以前在家庭變故的人生逆境中排除個人痛苦、衷心讚美新社會和共產黨等等，都寫

得入情入理。黃永玉談到沈從文時，常以水爲喻，並愛引用《老子》裏說的「上善若水」等語。他的取義，除水的流動外，還有水的滋養萬物、面對下層、清澈美好、溫和善良等等方面。黃永玉不僅寫出了沈從文的善良、真誠、博大、深邃，而且展現了沈從文不同歷史時期與不同境遇中的生存狀態和生命狀態。讀者在黃永玉散文中看到的沈從文，是一個有靈魂又有血肉，有獨特個性又有性格完整性，有超凡脫俗的器識又有七情六欲的充滿人情味的形象。

黃永玉引爲自豪的，是湘西人民的倔強、剽悍、機智，這也多多少少體現於他的性格和作品裏。他的散文和他的繪畫一樣，隨時會給人一種新的感性衝擊。他常常打破教條，違反規範，帶著蠻性和野性，同時也充滿朝氣和勇氣。他的散文深刻、尖銳、潑辣、新穎，同時機智、幽默、通脫、飄逸。他能夠使矛盾對立的因素相兼相融，從而使自己的散文風格達到了靜態與動態的統一，主導性與多樣性的並存。湘西人傑地靈，文化土壤豐厚，給黃永玉提供了取之不盡的創作源泉和藝術靈感。他的散文藝術地傳達了湘西的神韻，湘西是他散文永恆的主題。黃永玉寫散文，實際就是在寫他自己，是用他自己的眼光和感受來寫他生活著的這個世界。用文字彌補色彩和線條無法表現的心靈時空。在這個文集中，他是整個地浸沒於作品中，充當生活裏一個小小的角色，可他展現的卻是一部現代知識份子力求與時代大輪同軌而上下求索的哀歡史。他在文章中告訴你的有蜜也有淚，這才是生活。猶如作畫中的冷暖、明暗的色彩搭配，給人以真實的感受。

細味人生

「烹調與寫作，在賦予生活以精緻的愛和意義的女性世界裏，化爲對所有的珍貴歲月的紀念。」封面勒口上的這句話不知出自何人之手，可以說是對《食物的往事追憶》一書所做的頗爲精闢的概括。

食，在李玉瑩的人生中已不再僅僅是一種物質的需要，更是她四十多年人生經歷的一個見證。豬油撈面、涼瓜牛肉、酸話梅排骨、咖喱飯等一道道佳餚，負載了一個平凡女性對過去四十年人生的深情回望。就像她的丈夫李歐梵在序言中所說，她像這個世界上無數個家庭主婦一樣，在柴米油鹽中找尋著生存的意義。一道道佳餚，伴隨她走過了自己的童年、青年和中年，她用各式各樣的美味菜餚爲自己的存在畫像，證實和體驗著對自己生命的真實持有。親情、友情、愛情、師生之情，這是情感的體驗，更是生命的體驗。可以說，整個一本書看起來好象是各式菜餚的介紹，其實菜餚只是引子，真正的內涵是由此引出的人生記憶，人生的酸甜苦辣各種滋味也在一道道美味裏體現。

作者沉浸於漫漫的往事回憶，這些往事因世事變遷而顯得愈加珍貴，懷舊也就成爲擴展心靈廣度與深度的有效手段。因食物而帶出的對往事的追憶，使文章凸顯了生命的厚重意義。在她的回憶裏，我們看到的是童年時代對烹飪的熱情因爲承受了經濟的壓力而消淡。豬油撈飯裏浸潤的不是清苦，而是一種簡單的滿足；

美味的碗仔翅勾起的是對少年讀書生涯的無盡悵惘；而在涼瓜牛肉裏則傾注了她對至親的無盡思念與對生命脆弱的無窮感歎。而〈小巧婦伴讀又掌廚〉不妨看作對過去一段婚姻生活的回顧。我們沒有看到什麼可以激動人心的文字，當愛褪去了激情，一個女人對愛的詮釋不過是簡簡單單的幾個字。雖然從頭至尾都不見愛字，可情意之深早已不言而喻。麥當勞裏的漢堡包、招賊入屋的紅燒元蹄都是歷經十年患難之愛的見證，而四個月的清蒸魚加白米飯、孤獨而實在的花生醬多士、過年蘿蔔糕又是過去失敗婚姻的複雜呈現。所幸的是作者經歷了獨處的無助和抑鬱症的痛苦之後，又重新看到了生活的希望。新的愛情與婚姻給她帶來了生活的激情，重新體味到了「過平常日子」的樂趣。山藥豬胰子湯、麻六甲海南雞飯、油條豆漿、三杯雞等等是生活在愛裏的幸福小女人的專利，她用煮菜來經營著她的愛情與家庭。像曾經見證過她的苦難與悲傷、低迷與消沉一樣，美食在這裏又見證了一個平凡女人的幸福與快樂。由此不難體會扉頁上作者的題字：「獻給我的饞嘴丈夫李歐梵」。李歐梵說，「玉瑩烹調出來的各種家常菜，爲我們的日常生活增添加了一份無與倫比的漫馨和歡樂」。2004年我在美國波士頓期間，每個週末都會到李老師家蹭飯，不知品嘗了多少玉瑩師母的美食，也親歷了家常菜給他們帶來的無限的溫馨和歡樂。

當人生走過苦難，走過幸福，經歷了大喜大悲，迎來的就是一種生命的豁達。其實，作者自始至終都是站在這樣一個高度。人到中年經歷了很多，於是知道「生死大限，只是一線之差，我們執著不得，只好以平常心對待」。過往的悲喜哀樂，如今看來都只不過是一種人生體驗，於是就會發現原來曾經的泥囿其實都不

需要，那不過是一個人生的經歷，僅此而已。逝者如斯，人在其中不過是滄海一粟，於是就放得開了，和三五好友一聚，品品家常小菜，過過平常日子，生活就是這樣的真實。

　　文字記錄下的菜肴成為真實生命的記載，也成為歷經苦難後內心的安寧與永恆的確證。這種對生命與生活的通透，比起那一道道美食來，更加讓人回味無窮。

不倦傳道的人生

　　費孝通，當今中國社會學界聲名卓著的老師宿儒。他的《鄉土中國》、《江村經濟》、《論小城鎮及其他》以及《行行重行行》等大作，不僅圈內人奉爲經典，就連圈外人都耳熟能詳。當年讀研究生時，導師就要求我們將《鄉土中國》與中國二、三十年代的鄉土小說對照閱讀，《鄉土中國》對傳統中國宗法血緣制度的深刻揭示，至今讓人敬佩不已。

　　可是，說到散文，你似乎就很難將它與費孝通聯繫起來。這也難怪，費孝通不是什麼文學作家，好象也沒聽說加入作協之類，在一些散文評論家的筆下，也從未看到有關費氏散文的評說。如果嚴格按傳統的散文標準來衡量，費孝通的散文的確算不上標準散文。它們主要是懷舊懷人之作、訪外紀事、序跋、學術性隨筆之類，幾十年積累下來，倒也蔚爲大觀。曾經結集成《初訪美國》、《美國人的性格》、《雜寫甲集》、《雜寫乙集》、《雜寫丙集》、《山水、人物》等出版，此外還大量散見於《讀書》、《新觀察》和《瞭望》等刊物。我讀到的是由作者親自遴選編成的《逝者如斯》和《芳草天涯》，由其母校蘇州大學的出版社出版，裝幀印刷頗爲精美。

　　費孝通的散文不講究什麼精緻的構制和華美的辭藻，它最大的特點，也可以說不是特點的特點，是平鋪直敍，往往從某件事、某個人、某個觀點引申開去，自由揮灑，粗看漫無枝節，細細品

味，個中卻隱藏著作者對人類、對社會、對歷史的深刻思索，形成一篇篇卓然獨立、有思想、有情懷的優秀散文，顯示出一種難得見到的大家品格。對費氏的散文，一開始你也許還不能接受，儘管同時又認為寫得不錯，好讀；漸漸地，你就會受其感染，完全被它征服了。散文既「散」，內涵上又何嘗不要可以更寬泛些呢？

費孝通是大學者，但又並非只知埋頭書齋的學問家。或許與他所從事的專業相關，他的散文中始終離不開對社會、人類的深深思索。他總是在調查中發現活文化，從活文化中反觀當今社會。他從不預言什麼，卻真誠地期望人類社會沿著健康發展的道路前進。他常思考的一個核心問題是，究竟什麼是文化？人類應往何處去？東西方文明如何互補共處？在費孝通看來，文化是一種深入骨髓的基本價值體系，不必我們費心思索，早已成為我們不自覺的行為規範，「行為時最不經意之處正是最深入的文化表現」（〈初訪美國〉）。平時我們不會在意文化的內涵和外延，可一旦與不同文化接觸，需要互相適應時，就得檢討各自的文化表現和由來了。一個人和文化背景不同的人相處時，會不知不覺地「用了自己文化中養成已經不很自覺的標準，來推測另一文化中生長出來的人的行為」。愈是和不同文化的人往來密切，交往的困難也愈多（〈1943～1944 初訪美國〉）。事實上，「人類是這個宇宙發展到一定階段在地球上各處出現的一種動物」，他們創造了一個分工合作的系統，建立起各自的社會秩序，也孕育了不同的文化價值體系。儘管近一百年的時間裏，人類從無數自給自足、封閉獨立的小群，融合成了一個個大群，「人類幾乎都包含在一個生活上休戚相關的社會體系之中」，但是這個過程還遠遠沒有完成，其中還充滿著衝突、矛盾和困惑（〈外訪雜寫〉）。比如中西文明的衝突，一

直是作者思考的問題，在考察西方文明時，時時將它與中國文明相比照。以宗教爲例，基督教是西方文化的重要柱石之一，即使不拘泥於宗教儀式，基督教精神也已擴大到人生的各個方面。基督教精神與科學、民主一起，構成現代西方文明的「三角桿」，它包含著人類的同情和未來的保證。而中國社會對實利的注重，「使我們成了一個最缺乏宗教的民族」（〈初到美國〉）。因此，人類的相互理解與寬容就顯得成尤爲重要。費孝通認爲，要使具有不同生活方式、不同是非好惡的各種人群之間互相容忍、互相尊重，首先得通過理智的探索，去認識上述不同的由來。「明白了各有各的理，才能求同存異，多元一體才能成爲一個和平的格局，也只有建立了這個格局才能保證人類繼續是宇宙發展的先鋒」（〈外訪雜寫〉）。

如果從最早的作品算起，費孝通的散文創作前後已跨越了半個世紀。半個世紀以來，他筆觸始終關心著社會人類與現實中國，展示著永不落幕的人生舞臺上的歡笑與悲歌。儘管蘊含著並不輕鬆的內涵，費氏散文讀來卻十分輕鬆。他從不故作高深，而是將自己的思考融入字裏行間。這是一種述而不作的、非情感式的鋪敍，不過分強調一己的觀點，也不強求你接受某一觀點，只是不離實事，平鋪直敍。敍述中有調度和變化，更有其精神人格在。人類學家的真誠、社會學家的敏感，使得費氏散文處處有閃光，甚至還有韜光。如果譽費氏散文爲一個社會人類學家的當代「論語」，或許也不爲過吧！

比起早期散文，費孝通近年的散文愈顯醇厚、老辣。〈顧頡剛先生百年祭〉、〈清華人的一代風騷〉、〈人不知而不慍〉等篇章，膾炙人口。如果說早期散文更多的是對人類、對社會的思考，是

傳人類之「道」，那麼近年的散文則更多的是傳治學之「道」。治
學之道的傳授，當然也早已開始。〈留英記〉其實就是一部師從馬
林諾斯基的求學記。它詳細記敍了當年清華學堂、燕京大學社會
學系的創立、英國的學制等等，極具史料價值。尤其是對馬林諾
斯基的回憶，似乎把人重新帶回到馬林諾斯基的「席明納」
（seminar），重新嗅到了「席明納」裏瀰漫的煙霧。正是在英國，
在馬林諾斯基那裏，費孝通深深體會到，「學術這個東西不是只用
腦筋來記的，主要是浸在這個空氣裏」。無論社會生活，還是學術
實踐，最關鍵的是「培養一個人的生活、氣味、思想意識」（〈1936
～1938留英記〉）。當年馬林諾斯基以身說法，教育和感染了費孝
通，讓他終身受益；今天費孝通也願意將自己一生的人生體驗和
學術經驗記錄下來，傳給下一代。〈人不知而不慍〉是回憶他最早
的業師、俄國學者史祿國教授的。作爲一個世界級的人類學者，
史祿國當時處於歐洲學術界的最前沿。費孝通細細述說史祿國的
學術歷程與學術成就，回憶史祿國對人類學事業的執著和深藏於
內心的孤獨以及自己師從史祿國的經歷，其筆觸始終不離對史祿
國學術思路的評析。他認爲，近十年來他在城鄉發展研究中所運
用的類別、模式等概念，其來源都應當追溯到清華園生物樓師從
史祿國的那兩年。史祿國並沒有向費孝通灌輸各種各樣的思潮流
派，而是著重培養學生自己解決問題的能力。這讓費孝通受益終
身，而且「越老越感到深刻」。也許史祿國的人類學理論已經過時，
可是他的學術思路與學術方法卻通過費孝通的筆，永遠給人以啓
迪。

　　在一些序跋、雜寫中，費孝通更是孜孜不倦地傳授自己的治
學之道，講「成品」的製作之道，講「成家」的發展之途。〈從蚌

龍想起〉記錄了他由一則考古發現所引發的思考。沒有結論，卻有思考的全過程。一般學者是不大願意把思考過程，尤其是思考而未得成果的摸索經過，寫下來給人看的。可費孝通卻認爲，「使年輕人看到一個自以爲是個『老學者』的人，怎樣思考問題的脈絡，也可能是有好處的」。的確，「成品」只適合於欣賞，不是內行人是看不出其中的學術絕招的，而「過程」卻普惠於天下的年輕學子。它帶來的或許不僅僅是另一面風光、另一種境界，而且昭示著一個社會人類學家對傳道的赤誠之心。費氏的這種學術品格若能倡揚，對今日學風亦不無大補。

　　費孝通不是專業散文作家，可是最喜歡寫他所謂的雜寫文章，它「可以寫得很靈活，不拘束」（〈談寫作答客問〉）。這些「雜寫」，散漫平和，不疾不徐，揮灑自如，處處透露出他一已的人生情調和濃濃的個性化的人生思索，這成爲費氏散文的精萃。費孝通不屬於那種思辨型的作家，這些「雜寫」乍一看似乎亦極平淡，細品之下，平淡的背後卻有一種一般人無法達到的厚重。究其原因，恐怕還是源自作者對中西文明的透徹理解，源自作者對人生、歷史的深刻體味。它使費氏的思想、筆鋒永遠帶著活力，顯示出智者的風範。費氏一直把學者生涯當作傳道的歷程，這是他的信仰。這種信仰成爲支撐他靈魂的柱石，使他孜孜於自己神聖的「傳道」事業。

　　或許與費孝通深厚的國學基礎和留英經歷有關，費氏散文非情感式的鋪敍，跟中國傳統的「注疏」（如〈1981 訪澳雜記〉中對 Lucky Appendage 兩個字的鋪陳、注疏）和「史傳」（如一些回憶性散文）筆法頗爲相通，從不過分強調自己的觀點與好惡，總是將情感深藏於事實與文字的背後。他散文中對日常生活的發

現，似乎又與英國散文對普通生活經驗的玩味和偏好不無聯繫。英國散文中「我所描寫的是我自己」的品格，浸淫於費氏作品。作為一個社會學家與人類學家對調查和實證的重視，也同樣體現在他的字裏行間。這種對日常生活學者式的關注，再加上一顆精妙多感的心靈，使得費孝通總能從身邊事物裏感受到歷史與社會的承繼，將普通瑣屑的事實點鐵成金，以至使你不得不嘆服作者的敏銳。人生的意義有時就象一些亮點，忽隱忽現，這些亮點透出於費氏的筆觸，你會漸漸發現它其實就存在於大千世界，存在於每個人的身邊。

　　費孝通編完《逝者如斯》時發現，這本選集可說是其自傳的副本，記錄了他一生的追求和奮鬥。如果說《逝者如斯》是費氏人生的副本，那麼《芳草天涯》則可以說是費氏對世界人生的點評，它們共同構成了他永不落幕的人生，探索和傳道的人生！

一個人的北大之路

　　一直喜歡閱讀跟北大有關的一些回憶文字。對於這輩子再也不可能進入北大、成爲北大人的我來說，北大，永遠是一個遙遠的神話，一個精神性的存在。未名湖、博雅塔、燕園，還有它豐沛的人文氣息，使北大成爲眾多讀書人心目中的聖地。我們也只有通過閱讀，才不斷地走近她，親近她。拿到樂黛雲老師的新著《四院、沙灘、未名湖 ── 60 年北大生涯（1948～2008）》後，我欲罷不能，一口氣全部讀完。我幾乎讀過樂老師所有的文字，包括自傳性的《我就是我 ── 這歷史屬於我自己》和英文版的《面向風暴》，可是只有這本書才如此集中、如此深入地彰顯了樂老師與北大之間的精神血脈。

　　這本書彙集了樂老師歷年來寫作的與北大相關的回憶性散文，經過精心編排，形成了一本憶事懷人的完整的回憶錄，以散文的方式呈現了她在北大從一個滿腔熱情的革命學生到名滿天下的一代名師的成長之路、學術之路。1948 年，年輕的樂老師隻身從偏僻遙遠的山城走出，一路高歌「你是燈塔」、「兄弟們向太陽，向自由」來到北大，投身到了迎接新中國的地下工作之中。在充滿鮮花、陽光、青春、理想的五十年代初，她不僅是活躍的學生幹部，還有幸參加了在布拉格召開的第二屆世界學生代表大會。真可謂意氣風發，激情萬丈！然後，「一連串痛苦而惶惑的歲月」，誰也說不清怎麼回事的歲月，倏然來臨，人妖顛倒，魑魅魍魎，

眼看著身邊的一大批北大精英含冤而去，她自己也做起了豬官、
伙夫、趕驢人、打磚手，在困惑與痛苦中挺過了這段惡夢般的日
子。八十年代以來，樂老師得以重返學術崗位，以更大的熱情投
入到了推動中國比較文學發展的宏大事業之中，奔波往來於世界
各地，成為一個面向世界的對話者，搭起了一座中國與世界對話
的跨文化之橋。樂老師八十年代以來的學術之路，幾乎就是當代
中國比較文學發展的生動縮影。六十年的北大生涯，讓樂老師與
北大血脈相通，生命相融。她曾經說過一段話，讀後不禁動容：

> 1948～2008，60 年北大生涯！生者和死者，光榮和卑劣，
> 驕傲和恥辱，歡樂和喜，痛苦和淚，生命和血……60 年一
> 個生命的迴圈，和北大朝夕相處，親歷了北大的滄海桑田，
> 對於那曾經塑造我、育我成人，也塑造培育了千千萬萬北
> 大兒女的「北大精神」，那寬廣的、自由的、生生不息的深
> 層質素，我參透了嗎？領悟了嗎？我不敢肯定，我唯一敢
> 肯定的是在那生活轉折的各個關頭，縱然再活千遍萬遍，
> 我的選擇還是只有一個 ── 北大。

　　比起樂老師那些影響深巨的學術著作來，這本書其實有著相
當獨特的地位。樂老師是中國比較文學的開拓者，也是 20 世紀中
國文人的優秀代表，甚至可以說是上世紀 80 年代以來中國最具影
響力的人文學者之一。這本書既是樂老師個人的自傳，又不妨視
為那一代人的精神自傳，因為在她身上濃縮了那一代人的生命沉
浮，沉積了那個時代的歷史糾葛。樂老師沒有過多從學理層面來
闡述北大精神，或者那一代知識份子的心路歷程，而是以日常生
活的敘事，最生動地體現了北大精神的深刻印記。錢理群老師主
編《尋找北大》時曾經說過，北大傳統是滲透在老師學生日常生

活當中的,就像鹽溶於水一樣。在日常生活中所顯現出來的這種
精神,是滲入靈魂的,是生活當中的一種精神,可能在某種程度
上比宏大敍事更貼近、更能讓你理解。事實也正是如此,樂老師
筆下那些日常生活細節,直紮讀者的感覺神經,使我們對北大精
神獲得新的感悟。當年樂老師與湯一介先生結婚時,湯用彤老先
生很開心,特地在舊東單市場森隆大飯店請了兩桌至親好友,可
革命的樂老師卻認爲這不是無產階級家庭的做法,兩人都沒有到
場。湯老先生卻連一句責備的話都沒有。有一次,婆婆把湯老先
生平時夾饅頭吃的黑芝麻粉錯拿成茶葉末,湯老先生毫不懷疑地
吃了下去,只說了一句「今天的芝麻粉有些澀」!樂老師的文章
不是精心創作的散文傑構,可是在絮叨家常中寫出來的這樣一位
寬容溫厚的儒雅之士,一位「縱浪大化中,不喜亦不懼」的智者,
卻最生動地傳達出了北大的自由精神。她評論季羨林先生的散文
創作達到了「真情、真思、真美」三真之境,其實樂老師這本書
之所以感人,又何嘗不是因爲「三真之境」呢?

　　我特別喜歡書裏的那些老照片。比起文字檔案,圖像保存著
更爲直觀的日常生活場景,也能提供更深層次的複雜心理證據。
那些文字難以盡述的東西,那些甚至連自己也未察覺的、深藏於
內心深處的意識活動,都可以或隱或顯地存留於圖像之中。這些
老照片把歷史的鏡頭從文字轉向了視覺,帶給我們巨大的想像空
間。封面用的那張 1951 年的照片多麼單純、美好啊,嚮往和希冀,
洋溢於青春的面孔;1960 年下鄉時和房東老大爺、老大媽的合
影,1969 年全家在天安門廣場的留影,1971 年在安源,還有八十
年代以後各種學術會議的照片,留存了多少歷史的資訊;那些塔
影、湖面、冶貝子園、燕南園,還有破落的舊居、憂傷的小徑,

都與馬寅初、湯用彤、季羨林、廢名、王瑤、楊周翰、溫特等等
那些閃光的名字息息相通，構成了一種特殊的人文的氣場。湖光
塔影已經吸納了北大的靈魂，又反過來孕育著北大的靈氣。這就
是為什麼歷經磨難，坎坷，可樂老師依然斷言，縱然再活千遍萬
遍，我的選擇還是只有一個 —— 北大。北大的自由精神容納了人
們對真理的追求，也容納了那寬廣的、自由的、生生不息的深層
質素。

　　坦率地說，現在能讓我感到快樂和幸福的書並不多。各種消
費性的出版物「亂花漸欲迷人眼」，使人漸漸失去了追求快樂和幸
福的渴望。但沉醉在樂老師的這本書中，我確實感到了快樂和幸
福。它有感情、有心血、有味道，它無意中傳達的精神性的東西，
讓我進一步走近了北大精神，讓我的生命獲得了某種伸展。我相
信，這本《四院、沙灘、未名湖》會在溽暑盛夏，給你帶來陣陣
清涼，讓你重獲清麗的書香和文化的滋潤。

張家舊事

　　《合肥四姐妹》是我 2007 年年末買的最後一本書，也是 2008 年讀的第一本書。早在一年多以前，就曾在香港尖沙咀的商務印書館樓上看到過臺北時報出版公司的《合肥四姐妹》，拿起來，又放下，總想著這樣的好書很快會有大陸版。這一等就是一年多。年前在弘文書店看到，自然毫不猶豫地收入囊中。趁著元旦假期，就著溫暖的冬日陽光，泡一杯綠茶，一口氣把它讀完。

　　「張家舊事」的題目借自張允和口述自傳的書名。這本《合肥四姐妹》跟張允和的《張家舊事》、《最後的閨秀》，還有張允和、周有光老夫婦倆合作的《多情人不老》大可合觀，這些文本之間的互文性相當有趣。張允和的幾本是局中人語，有其特別的視角，投注了特別的情懷，而《合肥四姐妹》則更象西方式的傳記，更為客觀全面，也更為深入到位。它的作者金安平是大名鼎鼎的耶魯大學史景遷（Jonathan Spence）教授的太太，而史景遷二十世紀六十年代曾經做過張充和和她丈夫傅漢思（Hans H. Frankel）的學生。在兩家的往來中，金安平對張氏姐妹產生了濃厚的興趣，開始有意識地收集資料，還遠赴北京訪問允和、兆和姐妹，以及她們仍健在的幾位兄弟。還有幸讀到了允和八十年代以來的日記，弟弟宗剛二、三十年代的日記，兆和夫妻之間四十年間的往來信件，以及張家的家庭刊物《水》上面刊登的全部文字。這種寫作的緣份可遇而不可求，而紮實的資料與訪談，更保證了這本

傳記的可信的品質。

要說「張家舊事」，還真得從張家先祖說起。作者不惜篇幅，圍繞張氏家族的故鄉，大寫張家祖先的發跡軌跡。二十世紀初葉，張家在合肥是個名門貴族。其先祖張樹聲在剿滅太平天國和撚軍的叛亂中，立下赫赫戰功，受到李鴻章的賞識而飛黃騰達，從直隸按察使，一直做到兩廣總督和直隸總督。這位聲名顯赫的先祖，對於張家姐妹來講，只是模模糊糊的張家祠堂供奉的一個牌位而已，可是張家後代的命運卻與先祖創下了的龐大基業密不可分。到了張樹聲的長孫張武齡時代，張家在合肥已經有良田萬畝，家產殷實，是遠近聞名的大戶人家。受近代新思潮的影響，張武齡無意仕途，最初投資實業，卻顆粒無收。於是，他斷然舉家遷居蘇州，獨資創辦樂益女中，以一己的力量維持全部開支，只為實現自己的辦學理想。與張樹聲叱吒風雲不同，張武齡成了一名淡薄名利、專情於筆墨紙硯、迷戀於水磨昆曲的文弱書生。

張武齡有四女六子，四個姐妹就是這本書的主人公。張家的女子，每人都是一個動人的故事。

長女元和，溫柔賢淑，品貌出眾，曾位居當年大夏大學女「四大天王」之首。其夫顧傳玠是名噪一時的昆曲名家。在他們相識之前，這個男人已經退出了舞臺。在那個年代，一位名門閨秀和一個戲子之間的結合，本身就是一個傳奇。或許是對昆曲和舞臺的熱愛，才促使元和決心下嫁給這個男人。1949 年 5 月，又跟著顧傳玠匆匆遷往臺灣。幾十年後才到美國安度晚年。元和一生深愛顧傳玠，但這場婚姻中仍有很多不為人知的困擾。在顧傳玠死後，元和曾復出登臺，出演《長生殿‧埋玉》中的唐明皇。後來回憶起那晚的演出，她才恍然發現「原來我埋的不是楊玉環，而

是顧傳玠這塊玉啊！」

　　次女允和，熱情外向，擅長詩書格律，嫁給了著名的語言學家、有「周百科」之稱的周有光。當年周有光被下放到寧夏，與世隔絕，允和一個人留在北京，照顧他們的孫女，並想法設法去找眼藥水寄給害青光眼的丈夫。讓作者感到驚異的是，允和個性強烈，可歷經猛烈的政治風暴之後，她的身體和情感竟然沒有留下什麼創傷。相反，卻自稱「大器晚成」，「晚」到 90 歲時才「成」。前些年，允和先後出版了《多情人不老》、《最後的閨秀》和《張家舊事》，一時為人所津津樂道。還曾在中央電視臺上露面，語言俏皮，舉止又有戲曲味，她自豪地說：「我現在比周有光還有光！」

　　三女兆和的生命和丈夫沈從文緊緊聯繫在一起，他們的故事最為精彩，也最為驚心。1930 年的夏天，在中國公學教書的沈從文，陷入了那場無藥可救的愛戀之中，頑固而瘋狂地給自己的女學生張兆和寫了一封又一封情書，甚至鬧到了校長胡適那裏。胡適看了沈從文的信，對兆和笑笑說：「沈從文先生固執地愛你！」兆和說：「我固執地不愛他！」可是沈從文卻宣稱尊重她的固執，說：「如果我愛你是你的不幸，你這不幸是同我生命一樣長久的。」連續三年，沈從文不斷地給她寫信，最終有情人終成眷屬，兆和從此成為沈從文生命的一部分，陪伴沈從文走過了 1949 年的精神崩潰，文革時期的荒誕艱難，還有從小說家到文博專家的轉型。1995 年，兆和整理出版了他們的通信《從文家書》，她在後記中感歎，只是在整理這些書信時，她才真正懂得了沈從文的為人，懂得了沈從文一生的重壓，而此時已悔之晚矣。

　　四女充和是四姐妹中才華最突出，最具藝術氣質，也是最隱逸的一個。抗戰期間，充和住在昆明、重慶，一方面做些文化工

作，編選教科書，編選樂章，演唱昆曲，一方面與很多名士往來甚密，還拜沈尹默爲師研習書法。那個時候，很多人都拜倒於她的石榴裙下，尤其是卞之琳，終其一生都愛戀著充和，那真是一段凄美的佳話。1947 年，充和在北京大學教授書法和昆曲，結識了傅漢思，次年年底，就在解放軍前入北平的前夕，兩人結婚，之後就登上戈登將軍號遠赴美國，從此與家人天各一方。等到大家再聚首時，卻覺得一切和從前一樣。充和和傅漢思都長期任教於耶魯大學，傅漢思也成了著名的漢學家。晚年的充和一面精心營造著住宅後面的一片小花園，一面以手中的毛筆，出入於故國縹緲之境，悠然日常，彷彿已相忘於塵世。此書出版時，四姐妹中也只有充和依然健在，思之不禁愴然。

　　張家舊事，隔世如煙，作者以細膩的筆觸，揭開歷史的帷幕，將這些舊事娓娓道來。尤其值得稱道的是，作者爲祖母、母親、父親，甚至保姆們，都列了專章加以介紹，爲張家姐妹的生命歷程渲染了一個濃厚的背景。誠如作者所說，「計畫與機遇、個人努力和地域性格，時代影響和他人作用，遠古亡魂和現代精神都有著密不可分的關係。」一個大家庭的紙上風雲，也折射出大時局的滄桑變遷。讓人深刻地感受到歷史的強力面前，個人命運的渺小。傑姆遜（Fredric Jameson）說「永遠的歷史化」，「歷史」被視爲一切解釋的終極視域，和討論任何問題的前提與起點。其實，那種抽象化、刻板化的歷史，都是理論家們話語遊戲的結果。真正的歷史永遠是鮮活的、細節的、感性的。《合肥四姐妹》只選取了對於每個姐妹最爲重要的時刻，最爲感人的細節，可這些生動可感的傳奇故事與個人記憶，卻把我們帶入了那段特定的文化史和社會史，見證了這個古老國度過去百年間的歷史與命運。

　　讀這本書的時侯，外面是冬日暖陽。此刻，卻飄起了難得一見的雪花，雪花落地即化，杳然無痕，而「張家舊事」的點點滴滴卻讓我感慨既深，回昧良久。

一份畫報與一個時代

　　1926 年，在十里洋場的現代都市上海，出現了一份開本獨特、圖文並茂的刊物 —— 《良友》畫報，比美國著名的《生活》畫報還要早上十年，它甫一出版，就迅速在全國以至國外產生了廣泛的影響，到抗戰爆發前的十年，《良友》儼然已是中國最為重要、最有影響力的畫報。良友公司借著《良友》畫報的品牌效應，又先後出版了「良友文學叢書」、「良友文庫」、「中國新文學大系」等一系列著名叢書，在中國現代文學史、文化史上寫下了濃墨重彩的一筆。馬國亮先生的《良友憶舊 —— 一家畫報與一個時代》為我們翻開了歷史塵封的一頁，讓我們重新觸摸到歷史的感性，彷彿重回當年的《良友》現場。

　　初看《良友憶舊》，感覺是一部史料的整理，圖片的編排與人物故事的相對應，羅列出《良友》留下的種種時代印記。它關於蘆溝橋事變、魯迅葬禮、「八・一三」事變等重大歷史事件的即時報導；它關於孫中山、陳獨秀、葉挺、周恩來、蔣介石、廖仲愷、胡漢民等風雲人物的及時傳真，都是極為珍貴的史料記載。而政界人物與文壇名家們的參與，比如蔣介石、宋子文、蔡元培、胡適、何應欽、孔祥熙等各界紛紛為它題寫刊名，老舍、郁達夫、茅盾、豐子愷、曹聚仁、洪深等新文藝作家都樂意為之撰稿，甚至極少願意公開發表照片的魯迅也破例同意發表〈魯迅在書房〉的照片，這些都不斷地增加了刊物的品位與份量，也可以看出《良

友》的號召力和影響力遠遠超出了普通的市民階層。可以說，一份刊物幾乎記錄和濃縮了中國 20～40 年代全部的社會狀況和風尚。《良友》的確堪稱是一個時代與社會生活的「畫史」。

馬國亮先生是《良友》的第四任主編，親歷了《良友》幾十年的興衰。他的《良友憶舊》似乎是在對我們講述《良友》的美妙往事。在東方巴黎紙醉金迷的大都會裏，《良友》的確找到了適合自己，或者說是適合社會的一種風格，它將政治與文化，官方與民間，文字與圖片，高雅與流行的處理得天衣無縫，並且巧妙地運用到新聞報導與無數的圖片之中。《良友憶舊》精選了近四百幅能代表《良友》畫報不同側面、不同特點的圖片，配以馬先生歷史的敍述與懷舊的文字，顯示著「圖文互動」的出版時尚的迷人魅力。這是一家畫報與一個時代的牽連，也是一位真正「良友人」的個人回憶，是馬國亮先生對於《良友》，對於上海，對於一個時代的回憶，對於一段歷史的歸結。

《良友》是一個時代與社會的「畫史」，但它同時也是一份市民刊物，反映了上海的都市文化，表達了一種流行文化。如果說它是租界時代上海歷史的縮影的話，那它的都市文化與流行文化品味不可不提。我們甚至可以從中深入到歷史的背後，挖掘其文化意蘊。比如說《良友》每期的封面都是現代女性的照片，特別注意在女性的衣香鬢影裏大做文章。它創刊號封面的套色照片，那個手持鮮花、笑靨迎人的美女，就是後來紅極一時的電影明星蝴蝶。只要看看其「表面文章」──每期的封面女郎，就可以把握這份畫報的流行口味：現代時髦的燙髮、描眉、粉臉、塗唇，加上傳統的明眸流轉、巧笑灩灩，無怪乎像李歐梵教授在《上海摩登》中可以從這些封面女郎的坐姿和服裝上讀解出媚惑與勾誘

等豐富內涵，進而引發出「身體政治」等精妙分析。特別引人注目的是，《良友》畫報上大量的廣告和照片，比如桂格麥片、寶華幹牛奶、高露潔牙膏以及自來火爐、照相機、留聲機、柯達膠捲、摩天大樓、賽馬會、舞廳、電影海報等等，展現了現代都會的各種迷人之處，其實已經有意無意地營構了關於都會現代性的一整套想像。正是這種現代夢幻逐漸作用於讀者的流行想像，使得《良友》畫報在上海都會文化的構建與中國現代性過程中作出了歷史性的貢獻。遺憾的是，這一點卻被馬國亮先生輕輕放過。當然這也許並不是作者的本意，這個任務也許留給了讀者諸位。

　　《良友憶舊》總是給人一種懷舊的感覺，絲絲的回憶中有淡淡的感傷，就如同這本書的裝幀，泛黃的紙張微微的摩挲，有一種令人喜歡的氣息和格調，猶如傳遞的是舊時的一抹月色。它隱隱然透著那個年代風雲巨變的故事，像微醺的酒，陳舊又有些迷糊。有人說，懷舊意味著永遠得不到的東西，而在喚醒的過程中，過去必然被理想化。不管是不是被理想化，人們仍然願意不斷書寫「懷舊」，因為懷舊是一個永恆的主題，而這份畫報、那個時代，的確有著不斷被解說和想像的魅力。《良友憶舊》就喚醒了人們對於老上海、對於現代都市那種風情遺韻的記憶。從這個意義上說，《良友憶舊》的確是「一本美妙的書」。

開在心底的花朵

　　近年來，用漫畫來表達人生的感悟似乎成爲了一種時尙。網路世界裏流行著一種說法，吃過了「朱」（朱德庸），嘗過了「蔡」（蔡志忠），也該品一下「米」（幾米）了。於是幾米的《向左走，向右走》、《地下鐵》、《照相本子》等作品，幾乎在同時由遼寧教育出版社和三聯書店隆重推出。一時間，那綴滿幽暗或承載明麗的畫面裏所傳達的生命的感悟與城市的洞察，感動了滿世界的大人小孩兒。

　　城市的背景像是一塊巨大的畫板，幾米就在這塊畫板上揮灑他的童真和理想。他的筆下有一個屬於自己的童趣世界：有在平行、相交、重合中，相視但終究彼此交錯的眼神，有躲在地鐵深處飄忽怯懦的眼光，還有在沙發上酣睡的月亮……。然而現實好似霧中的風景，隱隱約約散發著憂鬱的美。城市中行走的人們，走累了，往往停下來，環顧四周，才發現幾米的畫已經是生活中的需要了，那默默的傷感猶如一絲淡淡的奶香，記取在我們的心中，不經意間就帶領我們回到了童年的夢裏，醒來時，便陷入了淺淺的鄉愁。

　　幾米的漫畫是有色彩的，在揮舞的筆墨中，看到的是一個成年的男人，懷揣一顆不泯的童心，在一幅幅的畫板前帶著幾分童趣地說著一個又一個真實浪漫感人的寓言故事，蘊含其中的還有他個人對於人生參悟後的哲理。它是講給小孩的故事，更是說給

成人的童話，他用童年的視角注視著這個成人世界。在《向左走，向右走》中我們看到了「兩條平行線永不相交」這樣的幾何公理被用在了生活中。每天我們行走在街道上，遇見了無數的人，又錯過了無數的人，看到了無數的平行線就這樣穿過車流與鬧市。男人、女人沿著自己的那條直線走向時間的盡頭，而愛情也只剩下了一個意向，一個未曾發生，又似曾發生的意向。

幾米非常喜歡波蘭女詩人辛波絲卡的幾句詩：「他們彼此深信／是瞬間迸發的熱情讓他們相遇／這樣的確定是美麗的／但變幻無常更爲美麗。」於是「變幻無常更爲美麗」也就成爲幾米創作歷程與生命省悟裏的重要注記。男女主人公在幾米的圖畫與文字中錯過又相遇 —— 即便只有短暫的一個下午，他們象失散已久的戀人，彼此尋找了很久，才發現孤獨與等待終於有了結果。他們在陽光下，池塘邊，山花爛漫的草地上，遊戲場的旋轉木馬上，手牽手的度過，然而這個故事的背景給予了這次相遇淡淡的憂傷，相遇只是愛情夜空中忽明忽暗的星辰，捉摸不定，變幻無常。

城市的繁華生活，現代人的高效節奏，使得人們似乎已經找不到真正的快樂的解釋。幾米的圖畫向我們講述了城市生活這種無可避免的憂傷。人們都在沿著原先的路線行走，因爲一切都已經有了軌跡，有了規律，節奏定了，習慣定了，一切就將是一成不變的。城市的生活就是一條直線，向前延伸，沒有盡頭，我們總以爲最美麗的會是那個盡頭，但是一切都無法證實，只留下一個意象，僅此而已。

幾米真的很聰明，他敏銳地發現了都市生活所帶來了審美趣味的變化，人們都在忙碌，忙著成天與電腦數字交流，忙著出門只認識地鐵口，忙到看文字會覺得累，忙到找不到輕鬆的自

由……。於是他用他的畫筆，畫出了都市生活的感覺，描摹出都市人隱隱的愁緒，平滑了喧嘩與騷動，留下了些許憂鬱的氣息。看〈向左走，向右走〉，學會了論證一個愛情定律；看〈地下鐵〉，明白了孤單是城市童話中最溫柔的伏筆；看〈照相本子〉，感覺到人生的百種滋味，最後一種的名字叫無奈；看〈我只能為你畫一張小卡片〉，收穫了這個城市的點點心情；看〈月亮忘記了〉，記住了「變化無常更為美麗」……。雖然這只是寫給成年人的童話，但它們卻在不經意間點穿了現代人身在其中的迷霧，深深拔動了都市人的審美神經，一不小心還是被感動了。

　　每次看幾米的圖畫文字，總可以在感受美麗的同時察覺到筆底有一種淡淡的憂傷淺淺的瀰漫。或許這份感覺來自於他對都市生活的觀察與感受，可能更來自於他本人的不幸遭遇。幾米 1995 年就被診斷為血癌，從此一直賦閑在家，只有用筆來傳達自己的生命感受。一個身患絕症的人，大多是絕望的，面對隨時可能終止的生命，什麼樣消極反應都是能夠理解的。但在幾米的漫畫與文字中我們卻看不到絲毫的絕望，看不到輕言的放棄，就像他的〈希望井〉所說：「掉落深井，我大聲呼感，等待救援……/天黑了，黯然低頭，才發現水面滿是閃爍的星光。/我總在最深的絕望裏，遇見最美麗的驚喜。」「幾米」就是一個「美麗的驚喜」，我們看到的總是一個氣神悠閒、快樂堅強的幾米，孩子般認真地為我們描繪著一個又一個美麗的人生寓言。在繁忙的都市里，幾米平息著現代人的浮躁功利的心氣，帶來了一種類似于回歸自然的感覺，一種身體、心靈與自然的融合。「幾米」是我們心中每天開出的一朵花。

輯　三

風華絕代的「上海摩登」

　　早在《上海摩登》出版之前，哈佛大學教授、著名學者李歐梵就在海內外學界頗負盛名，他的《鐵屋中的吶喊》、《中國現代作家的浪漫一代》、《現代性的追求》、《狐狸洞話語》等中英文著作，都產生過很大的影響。可這種影響基本上還局限於學術界，圈子裏的人對他耳熟能詳、津津樂道。然而，隨著《上海摩登 ── 一種新都市文化在中國 1930～1945》(*Shanghai Modern : The Flowering of a New Urban Culture in China, 1930～1945*)中文版的出版，李歐梵似乎轉眼成了引人矚目的公眾人物，尤其是在「懷舊」浪潮愈演愈烈的上海，李歐梵及其《上海摩登》被捲入上海的都市文化流行，受到明星般的關注。筆者曾陪同李歐梵訪問上海，親眼目睹了李歐梵的演講場場爆滿，各種媒體記者競相追逐採訪，親身感受到上海從學界到民間、從白領到老百姓對《上海摩登》異乎尋常的熱情。

　　其實，李歐梵研究上海三四十年代的都市文化已經快 20 年了，他自己說得很清楚，他對老上海的感情，不是一般人所說的懷舊，而是一種基於學術研究的想像重構，是對老上海文化地圖的重繪。《上海摩登》之所以受到普通讀者的熱烈推崇完全是因為李歐梵重構與重繪的高超手段。一方面，他不厭其煩地運用了大量的實物資料，當年的舞廳、咖啡館、公園、跑馬場、電影院、飯店、百貨公司等等都成為生動感情的背景資料，他會告訴你「先

施飯店的 114 間客房，中式房是 1 至 1.5 美元一天，西式是 2 至 6 美元一在」；告訴你「小舞場很便宜，一塊錢可以跳五六次，喝杯清茶只費兩角，不管你坐上五六個鐘頭」；告訴你「純粹外國風味的沙利文有特別好的檸檬汁和冷食料」；甚至會列出清單告訴你一個舞女的月收入大概是 250 元，而一個摩登女子的春裝最低就得 52 元零 5 分！另一方面，李歐梵又有意識地選擇了一種散文似的風格，用一種理論色彩不那麼濃的語言來寫作此書。他的敘述是相當個人化、感性化的，他講上海當年的摩登，如何的風華絕代，如何的讓人心神俱醉。他歌頌「色、幻、魔」，他探究城市尤物的臉和身體與城市的關係，他讚賞「頹廢與浮紈」，尤其是「淪陷都會的傳奇」張愛玲更是讓他如癡如醉，這倒不僅僅是因為張愛玲的傳奇姿態，更重要的是，李歐梵認為「張愛玲以她的方式為描述一個寓言性的結局 —— 為整整一個滋養了她創作的都會文化時代劃上了句號」。《上海摩登》甚至就以此作為全書的終結：「現在上海終於在一個世紀的戰爭與革命的灰燼裏重生了，不知道張愛玲看到這樣的歷史反諷，其間她的城市又經歷了這樣難以想像的命運的逆轉，會說什麼？更無法想像，如果她能看到新上海的城市景觀看上去就像是鏡像的鏡像 —— 對香港的現代或後現代的複製，而香港長期以來一直是以老上海為藍本，又會有什麼表示？……在〈中國的日夜〉一文中，她描寫了一條典型的上海街道，有一個道士沿街化緣，這幅相當不合時宜的人物景觀使張愛玲發了下面的感歎：

> 時間與空間一樣，也有它的值錢地段，也有大片的荒蕪……
> 這道士現在帶著他們一錢不值的過剩的時間，來到這高速
> 度的大城市裏。周圍許多繽紛的看板，店鋪，汽車喇叭嘟

　　嘟響；他是古時候傳奇故事裏那個做黃粱夢的人，不過他
　　單只睡了一覺起來了，並沒有做那麼個夢——更有一種惘
　　然。

如果她半個世紀後回到後社會主義的中國新都會上海，她一定是
化身為那個道士的角色。」你說這樣的筆法是散文，是小說，還
是學術著作？

　　當然，《上海摩登》說到底還是一部極為深刻的學術著作，因
為它在上海這個都會背景下描述了中國現代性的進程，提出了都
市文化與現代性的重要命題。在李歐梵看來，文化史家的任務就
是要探索一種「文化想像」，探討文化產品的社會和體制語境以及
構建和交流這種想像的形式，從這個角度看，商務印書館為中國
的現代性提供了知識的資源，《良友》雜誌營造了一整套關於都會
的現代性想像，而好萊塢電影則給本土電影、都會生活以至小說
創作都帶來了直接的衝擊。這些構成了該書的第一部分「都市文
化的背景」。第二部分「現代文學的想像」，則集中論述了施蟄存、
劉吶鷗、穆時英、邵洵美、葉靈鳳和張愛玲作品中所傳達出的浪
漫、浮紈、頹廢的都市體驗與都市氣息，以及現代作家在他們的
作品中所營建的中國現代性的文化想像。有意思的是，這些男性
作家似乎都沉醉於現代都市聲光化電的表像，將個人的欲望尤其
是情欲投射到女性身上，反而少了些對都市現代性的反思；倒是
張愛玲這個女性作家將個人的命運與現代都市緊緊地融為了一
體，寫出了個人在現代都會中的蒼涼傳奇與蒼涼夢魘，顯示出對
現代性的深刻洞察力。這兩部分互為鏡像，共同完成了關於舊上
海的文化記憶與文化地圖的想像性重構。

　　李歐梵曾經坦言，他最為推崇的理論家是瓦爾特·本雅明，正

是因爲心裏裝了本雅明的《發達資本主義時代的抒情詩人》，他才「第一次試圖從一個文學角度來重構上海。」雖然 20 世紀 30、40 年代的上海已經完全不同於本雅明筆下 19 世紀帶拱門街的巴黎，但是李歐梵卻從本雅明那兒獲得了複製「上海寓言」的靈感。他把種種看似互不相關的外灘建築、咖啡館、電影院、百貨公司、跑馬場等等都市片斷與現代作家的作品用「現代性」聯綴爲一個整體，賦予它們一種隱喻性的張力，從而在寓言層面上展示出「上海摩登」無限廣闊的現代性空間。本雅明最爲擅長的是捕捉他的時代中富於生命的片斷，宣稱自己「最大的野心」就是「用摘引構成一部偉大的書」；那麼，李歐梵用片斷所聯綴複製的「上海摩登」的寓言不是可以稱爲「一部偉大的書」嗎？

鐵屋中的吶喊

　　雖然 1949 年以來魯迅研究的論著汗牛充棟,但其實一直是處在扭曲與誤解的神化過程之中,並沒有使人真正認識一個真實的魯迅。一直到八十年代中後期,才開始出現真正切近魯迅創作實際與精神世界的研究。魯迅研究的這一轉折一方面歸因於大陸學界日益開放的學術氛圍,另一方面也歸功於海外魯迅研究的推動作用。其中李歐梵先生的《鐵屋中的吶喊》(*Voices From the Iron House*)就是在海內外魯迅研究界產生過廣泛影響的經典之作。與大陸幾十年神化與意識形態化所塑造的民族的魯迅、階級的魯迅、黨派的魯迅迥然不同是,李歐梵提供了一個複雜而深刻的個體形象,而他與社會、歷史、民族的豐富聯繫則通過個體獨特的精神品格呈現出來。

　　《鐵屋中的吶喊》共分三個部分,第一部分從心理學的角度回顧家庭和教育對魯迅心理發展的影響,說明中國文學傳統對其文學創作的影響;第二部分是全書的中心,系統闡釋魯迅的文學創作,包括短篇小說、散文詩及雜文;第三部論述魯迅最後的十年,集中研究他對文學和政治關係的看法。通過這三個部分,作者試圖重新描述出魯迅真實的心路歷程,揭示出魯迅內在的深刻悖論與矛盾。作者的一個基本結論就是「魯迅並非一位有體系的,甚至也不是前後一貫的思想家;他的思想的發展也並非順著一條從社會進化論到革命馬克思主義決定論的路線。在我看來,他是

一位高度思想化（intellectualized）的作家，他把自己的思想和情緒（內心的鬼）轉化爲藝術的意義結構（structures of meaning），這種意義結構是決不能膚淺地僅僅理解爲抽象的革命意圖的。」魯迅最終完成了自己在文學方面的使命，經歷了許多的考驗和錯誤，「他的心智成長的過程其實是一系列的以困惑、挫折、失敗，以及一次又一次靈魂探索爲標誌的心理危機的過程。」書名中所使用的「鐵屋」隱喻，是一個雙重隱喻，既指中國社會和文化，是魯迅所反抗的古老社會與傳統的象徵，也指魯迅本人複雜的精神狀態，那存在於其心底深處的絕望與期待。

這種充滿矛盾與悖論的魯迅形象，建立於作者細膩入微的文本分析。作者把魯迅作品置於中國文學傳統的大背景之中來審視其作爲藝術家的獨創性，說明在前人積累的極其豐富的文學傳統中進行創新的努力，才是魯迅的「現代」和「偉大」之處，也才是魯迅的現代性之所在。李歐梵認爲魯迅的文學創新及其深刻的「現代性」與他對中國文學傳統的繼承不可分割，甚至對西方文學、特別是短篇小說藝術技巧的借鑒也由此而觸發。魯迅創作的現代性與其說體現於象徵、反諷、敘事等形式層面，不如說體現於這些形式層面所表達的主觀的內心的精神活動。因此，李歐梵對魯迅作品的文本分析、對魯迅複雜精神世界的探尋其實是融爲一體的。即以《野草》而論，以往論者往往有意無意地忽略其中的抑鬱情緒，而李歐梵卻認爲《野草》是一次形式試驗與心理剖析的完美結合，給予了高度的評價。通過對《野草》各篇相類形象的細讀，李歐梵尋繹出文本背後的意蘊，以求重建作者敘述的寓意：詩人的內心自我正處於矛盾絕望之中，開始進行一種荒誕的對意義的求索。但他又意識到，在其長久求索的終點，並沒有

什麼至高的目的，只有死亡與墳。當他在過去與未來的時間框架中尋求確定存在的意義時，發現「現在」也並無其他重大意義，只是一個不斷的時間之流，一個變化的過程。因此，詩人的痛苦的情緒，可視爲在希望和失望之間的不斷的掙紮。當他到達最黑暗的底層時，他在每一極找到的都是虛空；就在這最虛無的時刻，他決定依靠著從身內看向身外，依靠著確定自己和他人的關係，而走出這絕境。

顯然，這種在絕望中抗爭中的形象，也就是魯迅在小說散文中一直著力描寫的那個清醒的孤獨者的形象，某種意義上說，也是魯迅自我形象與精神的寫照。這個清醒者面對庸眾，進行著無望的鬥爭，這種精神發展的最終點就是厭世或者說死亡，他的命運是註定了的。在絕望的境地中，與生存的無意義進行著殊死的抗戰，這是一個多麼具有悲劇性的情境。對於孤獨者來說，空虛與充實、沉默與言說、生長與腐朽、生與死、明與暗、過去與未來、希望與失望，永遠處於互相作用、互相補充和對照的永恆鏈環中：腐朽促進了生長，但生長又造成腐朽；死肯定了生，但生也走向了死；充實讓位於空虛，但空虛也會變成充實。這種不可能邏輯地解決的悖論正隱喻了魯迅在希望與失望之間的心理的絕境。李歐梵所揭示的魯迅的矛盾與悖論，已越來越爲後來汪暉、錢理群等人的魯迅研究所印證，這一切都是由魯迅的「中間物」意識所決定的。中間物意識體現出魯迅一種深刻的內省精神或自我意識，意味著魯迅對自己既反傳統又處在傳統之中，既追求光明又不屬於光明的悲劇命運的洞察，標誌著魯迅對自己的孤獨、寂寞、絕望、反抗、悲劇感等心理狀態和現實際遇所達到的充分自覺。中間物意識更是一種自覺承擔歷史責任的自我要求，就是

魯迅所說的肩住黑暗的閘門，放他們到寬闊光明的地方去。人把
自身投入了必然的歷史進程，既然是「必然」或無可選擇，那麼
即使是「絕望」也無礙於人坦然地走向未來（汪暉語）。

　　《鐵屋中的吶喊》及其後來者所重塑的魯迅形象，使我們看
到了一個真實、複雜而深刻的魯迅，懷疑、否定、探索、創造、
自我犧牲、矛盾痛苦，這一切才共同構成了魯迅基本的歷史文化
品格和實踐性品格的精神現象。

既是狐狸，也是刺蝟

　　甘陽的大名在 80 年代的大陸不說是如日中天，也是如雷貫耳。他翻譯的卡西爾（*Enst Cassirer,*1874～1945）的《人論》是當時大陸最早出版的現代西方哲學譯著之一，風靡一時，洛陽紙貴。他主編的「文化：中國與世界系列叢書」選目精審，名家雲集，更是給當時的知識界帶來了朝氣蓬勃的活力。要瞭解 80 年代的大陸知識場域與文化發展，這套叢書無論如何是繞不開的。後來滄海桑田，世事變幻，甘陽的文字除了偶爾在《二十一世紀》等刊物還能讀到一點外，久已不在大陸露面，讓我們這些愛讀甘文者思之悵然。

　　最近三聯書店終於出版了甘陽的一本思想隨筆集《將錯就錯》，此書大概是甘陽在國內所出的第一本個人文集，收錄了他近年來為報章雜誌所寫的一些專欄文字。從學界趣聞到政界逸事，從學術爭論到政治干戈，從書本世界到社會世態，縱橫捭闔，任意揮灑，端的還是那個才華橫溢的甘陽。其中最令我感興趣的是對芝加哥大學的學術活動與學術精神的敍述（〈社會思想委員會〉、〈席爾斯的圖書館〉、〈上帝不存在，奈特是先知〉等）和懷舊憶人的文字（〈紀念洪謙先生與北大外哲所〉、〈記掛楊憲益〉、〈夢鄒讜〉等），尤其是後一類文字讀來尤為感人，平淡的敍述中浸潤的是甘陽無限的真心真意。專欄文字一般都是很隨意閒散的，但《將錯就錯》看似閒散的背後卻包含著甘陽的思索，潛隱

著作者的學養與氣度，所思所寫，都來自於自己獨立的判斷，用他自己的話來說，就是「胸中自有涇渭」，頗耐玩味，令人愛不釋手。

《將錯就錯》最鮮明的特點，就是甘陽始終帶著一種深深的問題意識，去思考文化、政治、社會等領域的諸現象，對學術有著極強的良知的認同。雖然去國多年，身處異地，但始終把自己的目光投在關乎中國的問題範圍內，這可能甘陽有別於其他遊學海外的學者的特異之處，也是他的文字能夠在大陸知識界產生強烈共鳴的重要原因。他擔憂當中國日益被捲進世界漩渦時，這個古老的文明是否還能保有她自己的歷史文化意識呢（〈英譯〈論語〉及其他〉）；他告誡我們，一部基督教的歷史說是不斷尋找魔鬼撒旦，亦即不斷尋找敵人，不斷製造敵人的歷史，21 世紀或許將是東西方真正面對面的開始，這不是說誰願意文明衝突，而是說，只有心懷文明衝突的警懼之心，才有可能爭取文明不衝突的可能（〈「末世論」與「啓示論」〉）；他認為 90 年代以來大陸思想界已經日益走向保守主義，其基本形態就是以自由主義之名貶低和否定民主。「今日中國知識界一談政治改革就爭相標榜「反對泛民主」，恰恰只能證明韋伯所言：一國政治落後不是其民眾落後而是其精英落後，而精英落後的最突出表現就是成天高談「民眾落後」」（〈市儈的年代〉）；在〈十年來的中國知識場域〉中，甘陽更明確提出，在改革已經成為社會主流意識形態以後，必須避免使中國知識文化場域完全服從於改革的需要，應該保證其相對的自主性，否則必將喪失知識份子的獨特定位。這些論述尖銳甚至激烈，不乏「將錯就錯」的機智，讓人彷彿再見當年鋒芒畢露，才氣橫溢的甘陽，而其中拳拳的中國意識、中國情懷卻是令人深深感動

的。

　　古希臘詩人阿奇婁庫斯有一句諺語,說「狐狸知道許多小巧,刺蝟卻知道一件大事」。大概是說狐狸雖然詭計多端,但想吃掉刺蝟卻總是奈何不了滿身倒刺的刺猥。伯林把這句諺語發揮成關於兩類思想家的絕妙比喻:一類是追求一元論的思想家,一類是承認多元論的思想家。甘陽在「是刺蝟,不是狐狸」中說,伯林本人一生糾纏在一元與多元的衝突中,他以為自己是一條狐狸,實際也是一隻刺蝟。其實,依照此論,甘陽本人也一直致力於實現多元價值,或許應該算是一隻刺蝟,但他廣泛的問題意識和開闊的文化視野,卻又說明他也是一隻狐狸,至少是一隻充滿洞見的狐狸。

豐饒的麥田

　　說起臺灣大學外文系，不由得人不心生敬佩，海外文壇一批大腕級的人物像李歐梵、余光中、白先勇、劉紹銘等等竟然都出自台大外文系，真正是秉天地之靈氣。與這些前輩相比，同是台大外文系畢業的王德威是年輕了些，但更有衝勁，更見鋒芒。他在威斯康辛大學麥迪森校區獲得比較文學博士學位後，曾任教於臺灣大學和哈佛大學，現在是哥倫比亞大學東亞系及比較文學所教授，也是美國中國現代文學研究界第三代的領軍人物。他的一些中英文著作，象《從劉鶚到王禎和：中國現代寫實小說散論》、《眾聲喧嘩：三〇到八〇年代的中國小說》、《小說中國：晚清到當代的中文小說》、*Fictional Realism in 20th-Century China:Mao Dun, Lao She, Shen Congwen*、《如何現代，怎樣文學？》等等，在海外好評如潮。

　　1996 年春天，王德威開始為臺灣麥田出版公司策劃、編選一套新的書系，名為「當代小說家」，希望籍此推薦漢語寫作各個社群的傑作，促進彼此之間的對話，最真實地呈現漢語寫作的文學版圖。這套書系持續了六年之久，先後出版了 20 位小說家（朱天文、王安憶、鐘曉陽、蘇偉貞、平路、朱天心、蘇童、余華、李昂、李銳、葉兆言、莫言、施叔青、舞鶴、黃碧雲、阿城、張貴興、李渝、黃錦樹、駱以軍）的選集，統一的體例，統一的版式，置於書架，蔚為大觀。

在每位作家的作品卷首，王德威都寫下一篇序論，既介紹作家個別的特色，也把他們納入文學史的脈絡里加以觀照。這些序論寫得才華橫溢，汪洋恣肆，與所選作品遙相呼應，相得益彰，與其說是評論，不如說是美文。不少人不先讀作品，卻搶著把序論先睹為快，倒也是一景。現在麥田公司把這些序論專門結集為《跨世紀風華：當代小說 20 家》，讓人一冊在手，盡攬秀色，可謂善舉。

王德威曾以「眾聲喧嘩」來描述 1980 年代以來海峽兩岸多姿多彩的文學狀態，「感時憂國」之外，性別、情色、族群、生態等議題，無不引發種種筆下交鋒，更不提文字、形式實驗本身所隱含的頡頏玩忽姿態。宋澤萊、張承志從小說見證意識形態的真理，王文興、李永平則由文字找到美學極致的歸依。共產烏托邦裏興出了莫言、賈平凹的《酒國》與《廢都》，而白先勇、朱天文的孽子荒人正要建立同志烏托邦。蘇童《妻妾成群》，李昂《暗夜》《殺父》，尤有甚者，平路的國父會戀愛，張大春的總統專撒謊。歷史流散，主義量產。王德威認為這與其說是「新時期」的亂象，不妨稱之為「世紀末的華麗」。

當代小說 20 家就展示了這種眾聲喧嘩的世紀末華麗，而展示的基礎則是王德威所謂的「知識地理」的勘探。這些作家包括了兩岸四地（大陸、臺灣、香港、大馬），其中又不乏（如平路、鐘曉陽、施叔青、阿城等）越界遷徙的背景。它越過的絕不止於空間與國界，更整合了所有以中文敘事構成的意義空間，既構成了歷時性的上下文關係，又構成了平行的交互文關係，這成為王德威特有的批評視界「漢語寫作語境」。這些作家論是他批評成果的結集，也是對世紀末文學的一次重要「盤點」。他在另一篇文章中

就提出，「眾聲喧嘩」之後，我們所要思考的是「喧嘩的倫理向度」，試圖從自己開始一個「後眾聲喧嘩」的文學批評實踐的新起點，細膩描述「喧嘩」與「倫理」間的張力與意義迴圈。因為正是小說創作將世紀末種種可驚可詫的現象如實道出，從而引發層層的反思、批判、嘲弄與對話的可能。這些作家論的另一重意義正如我的師兄徐德明博士所說，它將一般人視為難以相提並論的 90 年代中文小說作一統整觀。說它難，是因為除了都用中文寫作以外，90 年代的各個批評物件間既沒有過大一統的歷史，也沒有試圖建立烏托邦的努力，只有現狀的裂痕處處。批評物件有著世紀末的種種症候，批評家堅持以一「己」之衷對這「症候」之「群」進行「望、聞、問、切」的對話，折衝群己而不被諸症感染（我們習見的當今大陸某種批評的聲音常常消失混跡於創作的喧嘩雜音之中）真是一椿不易的事情。面對兩岸四地及全世界其他各社群中的漢語寫作，面對多種小說創作的文壇現象，王德威獨具慧眼，披沙揀金，篩選出這 20 家細加論說，沒有主體的獨立性與堅定性，顯然是不可能做到的。

　　也正是因為這樣，麥田公司的這套「當代小說家」系列，一直引來廣泛的反響。朱天文為回應王德威的評論，寫出了長文《花憶前身》，交待了鮮為人知的她與胡蘭成的一段公案；朱天心的《古都》引發熱烈迴響，成為世紀末臺灣想像最動人的佳作；舞鶴的《餘生》直搗臺灣本土原鄉敘事的黑洞，以原住民的餘生記憶填充了一頁歷史空白；李昂的《北港香爐人人插》則活生生的演出創作倫理與政治影射的兩難；而駱以軍的《遣悲懷》把私小說的禁忌與魅力操作得人人側目。這些作品及其反響、辯難、爭議，都與王德威的序論一起，構成了一片「豐饒的麥田」，令人神往不

已。這本《跨世紀風華》現在已經在大陸推出，相信一定會贏得更多的「麥田守望者」。

怎樣歷史？如何闡釋？

近幾年來，圍繞「當代文學史」寫作，學界有過相當激烈的爭論。「當代文學」能不能寫史？如何寫史？怎樣處理「歷史性」與「當下性」的關係？這些問題都引起了較爲深入的討論。似乎是與此相呼應，許志英、丁帆主編的《中國新時期小說主潮》從「現代性」與「後現代」的角度，切入八、九十年代小說創作的主潮，對 20 年文學的發展歷史進行了深度清理，凸現出一個動態的複雜的新時期文學歷史圖景。這本洋洋百萬餘言的大著，我花了一個多月才斷斷續續地看完，如果不是專業需要，很難想像我會耐著性子讀完這麼一本大部頭的理論著作。我把它稱爲「理論著作」，而不是單純的「文學史」，是因爲它不僅反映了目前當代文學研究的水準和方向，也帶出了一些值得思考的理論問題。

「20 世紀中國文學史」這一論題的提出和實踐已經進行了好些年了。在打通歷史的思路下，一些學者認爲當代文學的歷史與現實之間的時空距離太小，不宜寫史。可是，歷史往往是在不斷的闡釋中生成的，在歷史的瞬間剛剛隱退，其餘光猶有溫熱之時作一個親臨式的旁觀，也未嘗不可，倒不一定總要等到若干年後再來對「當年」的歷史進行憶往式的鉤沉。所以，各種版本的「當代文學史」還是不斷湧現。可是，如何既還歷史以最大的真實，又顯示出研究者的獨到見解，已成爲當代文學史寫作實踐中一個相當棘手的問題。將歷史按其一定的週期斷開、細分即「斷代寫

作」不失為一條可行的思路。

　　當然，斷分歷史不是像掐豇豆那麼隨意，在「20 世紀文學史」的論題下提出斷分歷史，本身就帶著反思、重布歷史地圖的意願。找準一個視角，聚焦於一小段時間（如謝冕主編的「百年中國文學總系」）或空間（如李歐梵的《上海摩登：一種新都市文化在中國》）是近兩年來越來越顯見的研究思路。據我所知，一些學者正在寫作「十七年文學史」、「文革文學史」、「先鋒文學史」，或者從社會政治、歷史、文化的大視野考察某些「關鍵字」的演化脈絡，由此透視文學史發展的某個側面。《中國新時期小說主潮》對文學史的處理，就是在大的文化歷史視野下的斷代和聚焦。它聚焦於 20 世紀八、九十年代中國小說創作中的流派演進，並將其放置在整個 20 世紀中國社會政治 ──「人」/知識份子 ── 文學的命題中，從整個社會的文化體制、思潮變遷的歷史審視來呈現小說的歷史圖景，其聚焦下的深透與宏闊是令人稱道的。

　　更重要的是，它還給當下的當代文學研究樹立了一個榜樣，即如何在當代文學研究中培養強烈的問題意識。當代文學研究中問題意識的缺乏已經引起學界的重視，大量的當代文學評論僅僅滿足於對作家作品即時式的印象式的評說，卻無暇從中尋找、發現、提出真正的富有深度的思想命題。這也是當代文學評論常常遭人（甚至作家本人）詬病的重要原因。而《主潮》一方面在單個潮流之內圍繞論題進行深挖，另一方面又以文學思潮、社會政治、作家/知識份子這些複雜的命題勾聯起文學現象、文學潮流的分佈與更迭，由此展開「20 世紀文學與政治運動」、「文學體制與話語霸權」、「傳統、保守與現代」、「革命」、「知識份子」等思想命題的討論，最後歸結到現代性與後現代並存交叉的價值定位

之中。這樣，從整體的價值定位、歷史判斷到細部的現象梳理，都自始至終貫穿著思考和追問。它對新時期文學制度的重建歷史的梳理，對知青身份、知識份子身份問題的歷史淵源的探究，以及對新時期不斷翻新的潮流下作家複雜多變的心路歷程的勾勒，可以說填補了以往文學史寫作的不少空白，在整體上也加強了當代文學史寫作的深透性。

今天的歷史觀已經迥異於以往，歷史事實是過去發生的事情，必須經過解釋才能進入我們的視野，闡釋學也無法脫離歷史性而存在，因為闡釋都是一定歷史情景下的產物。要想單純地回到歷史情景中去構建一個已成過去的客觀歷史事實，總是虛妄。允許個人大幅度地介入歷史，又避不開歷史判斷中切實存在的一個客觀公正的價值判斷標準，這是一個兩難處境。我以為，在問題探討的思索語流中，個人以個人話語和對話姿態進入歷史事象的清理和闡釋，在承認個人對歷史意義的積極建構的同時，保持對話和商討的姿態進入歷史事實，從而在個人與歷史事實的雙向互動中重建歷史圖景，對歷史的解釋便是與歷史的對話而不是對歷史事實的粗暴指認，多元化的解釋、對話、評判，最終將引入歷史解釋的「客觀公正」。這賦予《主潮》以特有的張力，也為後來的當代文學史寫作提供了有益的啟示。

文化生態：看不見的手

　　90 年代以來，報告文學的創作令人沮喪地走向了式微，人們遙想 80 年代報告文學的輝煌，真是恍若隔世。當年《哥德巴赫猜想》、《人妖之間》、《西部在移民》、《神聖憂思錄》等等飽含憂患、充滿力度的佳作，風靡一時，洛陽紙貴。可是，如今的報告文學風光不再，逐漸從中心退居邊緣，曾經振聾發聵的思想啓蒙、社會批判功效，也不復再現，代之以大規模的精神退卻。人們對此眾說紛紜，丁曉原教授的《文化生態與報告文學》卻另闢蹊徑，從「文學生態」的角度作出了令人耳目一新的解說。對於作者來說，報告文學始終是一個揮之不去的存在。它所召喚他的，並不是所謂的文學，而是它的非虛構性，以及由此而來的主體的思想性穿透。它召喚著作者在漫長的研究征途上，不斷擴大著這一獨特的文體形式的「記憶體」，並最終推進至思想文化史的深層結構之中。

　　應該說，以文化生態爲價值預設前提與切入口，的確是一個獨特而富有挑戰性的研究視角。所謂文化生態，作者指稱爲一定時代文化各構成要素之間相互關聯所呈現的形態，所形成的一種具有特徵性的文化結構，而之所以取此視角，正是源於文化生態與報告文學之間獨特的內在關聯，它彷彿一隻看不見的手，時時制約著報告文學的演化。在他看來，小說可以虛構生活，詩歌可以「向內轉」，抒寫自我浩瀚的心靈，而報告文學作家卻無法拒絕

生活、逃避生活，而只能介入生活，在現實的前沿地帶作一種在場的深度報告。社會特殊的文化生態，從根本上制約著報告文學寫作的走向，而報告文學又以一種特殊的方式參與社會文化生態的建構。於是，我們看到那些已成歷史的報告文學，重新回到了歷史的語境，在回到歷史、觸摸歷史的過程中，成功還原出了報告文學存在的某種歷史的本真面貌。

值得一說的是，作者還提出了一個深具意味的命題：報告文學是作爲一種「知識份子的寫作方式」而存在的。在文化生態的演化與百年報告文學流變的互動中，有一個不可忽視的「仲介」問題，也就是特定背景下作家的精神品格及其伴生的話語方式。以現實報告爲基本特徵、以社會批判爲重要價值取向的報告文學與以人類基本價值守護爲使命，以人文關懷和啓蒙性、批判性爲基本職志的知識份子之間，的確有著相互契合的內在邏輯。顯然，把報告文學命名爲知識份子的一種寫作方式，提取的就是知識份子社會關懷、現實批判的意義向度。現代知識份子也許並不應該更多地追尋私人化的所謂自主自由的精神空間，而更應該緣于精神的自主自由進行獨立的理性言說，以實現公理與人性守望的職志。正是在這一點上，報告文學才可以視爲一種典型的知識份子寫作方式。

從文化生態到知識份子寫作的命題，賦予作者以主觀與客觀、主體與客體相互結合的邏輯透射力量，使其對於一系列具體問題的分析與觀察發人所未發。一般認爲，90年代報告文學的式微主要是因爲作家從原來社會結構的中心地帶向邊緣分離而造成的。而在作者看來，這種邊緣化其實恰恰使知識份子因位移而變得相對獨立自如，其言說的自由度相對地得到了增大。真正的問

題在於言說空間增大後，90年代報告文學作家並沒有利用邊緣所具有的便利，而是放棄了這種便利。儘管這個時期仍有許多作家寫著許多的報告文學，但其中更多的只是對各種狀態的描述，尤其是許多局限於「展示問題」的「泛批判」之作，其實質乃「偽批判」。因此，「作家精神的佝僂和思想性的缺乏」才是90年代報告文學退化的內在根源。這樣抽絲剝筍般的層層剖析，不僅還原了已成歷史的時代風雲與人間百態，而且凸顯了知識份子的心態，使其真正成為「一份關於它的報告物件、關於它的時代、關於它的寫作者的檔案」。

靈魂的探尋

近年來，一些作家開始旁逸斜出介入文學評論，對自己心儀的大師經典進行重新解讀，這幾乎成爲文學界的一道亮麗景觀。余華的系列讀書隨筆、馬原的《閱讀大師》、格非的《塞壬的歌聲》……，好評如潮，讓作家自己也讓出版者喜出望外。其中最突出的當數殘雪，從卡夫卡開始，到博爾赫斯，再到《浮士德》、莎士比亞，還有但丁、《聖經》，殘雪這幾年由近及遠，不知疲倦地進行著與西方文學大師的對話，先是出版了《靈魂的城堡 —— 理解卡夫卡》（上海文藝出版社，1999）、《解讀博爾赫斯》（人民文學出版社，2000），最近又有一本解讀《浮士德》與莎士比亞悲劇的專書《地獄中的獨行者》出版，其勢頭遠遠超過了某些專業研究者。

讀過殘雪小說的人都知道，她的作品總是向我們展現一個又一個充滿了混亂、夢囈、變形、誇張、非理性的荒誕世界，這些世界是如此的壓抑、陰暗，讓人不知所措，無法喘過氣來。她的小說如同高居於山岡之上的城堡，充滿了幽冥般的神秘氣氛，似乎有路可走，卻又無法真正進入。當我們讀到殘雪對她心儀已久的卡夫卡的解讀的時候，我們似乎找到了理解殘雪作品的道路。對於殘雪而言，卡夫卡首先不是一個作家，而是另一個自我。殘雪在卡夫卡身上看到了自己，對卡夫卡的解讀即意味著對自己的解讀。殘雪爲外界打開了一扇可以進入她那個夢魘世界的大門。

　　《靈魂的城堡》是殘雪對卡夫卡的解讀，也是殘雪對藝術的一種領悟，對普泛的人的精神世界的一種探求，對「存在的可能性的發現」。卡夫卡是進入這個藝術殿堂的大門，在卡夫卡的後面，是一個純粹的人的精神世界與藝術世界。這兩個世界歷來被認爲是最爲崇高的，最爲神秘也最激動人心的。殘雪用最純淨明亮的文字建構起了她理解中的那個心靈世界。這些文字與她的小說語言是兩個極端，當她把自己的理解付諸於創作行動時，選擇的卻是最令人觸目驚心的詞句，構成了陰暗瘋狂窒息的意象與氛圍。這似乎也是一種卡夫卡式的悖謬。

　　然而，僅僅把殘雪的經典解讀視爲進入殘雪世界的路徑，理解爲文學經典的副本，那顯然不是殘雪的所願意看到的。對她來說，卡夫卡也好，博爾赫斯也好，歌德莎士比亞也好，她所希望的是與這些大師進行深層次的溝通，對她來說，創作和解讀都是在做同一種事情，那就是靈魂的探索。既是大師的靈魂，也是自我的靈魂。她曾經說過一段話，很好地說明瞭她的初衷：「在浩瀚無邊的人類靈魂的黑暗王國裏，有一些尋找光源的人在踽踽獨行，多少年過去了，他們徒勞的尋找無一例外地在孤獨中悲慘地結束。王國並不因此變得明亮，只除了一種變化，那就是這些先輩成了新的尋找者心中的星，這些星不照亮王國，只照亮尋找者的想像，使他們在混亂無邊的世界裏輾轉時心裏又燃起了某種希望。這是一種極其無望的事業，然而人類中就有那麼一些人，他們始終在前赴後繼，將這種事業繼承下來。卡夫卡和博爾赫斯這兩位文學上的先行者，就是尋找者心中的星。閱讀他們的作品，就是鼓起勇氣去追隨他們，下定決心到黑暗中去探險。」（〈屬於藝術史的藝術〉）

　　這種探險使得殘雪流連忘返。她驚喜地發現卡夫卡、博爾赫

斯、歌德、莎士比亞的作品中那些透明而深遠的藝術結構，其實就是作家本人的生存結構、靈魂結構，縈繞在作家心頭揮之不去的死亡陰影，就是那種透明結構的本質，一切的創造都以它爲前提。莎士比亞在〈馬克白〉中所描寫的，「其實是他的藝術本身了，這是出自天才之手的作品的共同特徵」，幽靈、馬克白夫人其實都代表馬克白本人內心的一個部分，馬克白夫人的死則表現了她內心自相殘殺導致的最後的破碎，「所以這個劇的後面還有一個劇在上演，那屬於黑夜的永遠見不得人的悲劇，它在馬克白和他夫人的夢中 ── 那靈魂深處的王國裏演出，其震撼的程度遠遠超過了人所能見到的這個悲劇，莎士比亞寫的是它，他已經用奇妙的潛臺詞將它寫出來了」（〈解讀莎士比亞的悲劇〉）；她深切地感受到那些經典作品中清醒的創作意識，博爾赫斯永恆不破的迷宮痛苦，向人們表明了人的承擔痛苦的能力和人的靈魂的不可思議，還有那貫穿於其中的濃烈的詩的氛圍以及徹底的虛無感，令我們爲之歎息。殘雪說，什麼是詩性精神？說穿了就是人對死亡的態度。博爾赫斯那詩一般的小說使我們深深地感到，他以其堅韌的冥思，冷峻而沉痛的挺進姿態鑄成了人的無畏的身影（《解讀博爾赫斯》）；對於殘雪來說，生命衝動本身就是一種「否定的精神」，是一種惡的欲望，它不僅摧毀一切，而且消解自身，走向死亡。這就是《浮士德》中的惡魔梅菲斯特的形象。它似乎代表了內在的動力，被其催逼的浮士德正象徵著藝術家的永恆宿命。「生命的意識表現爲生之否定，向死亡的皈依。但否定不是目的，否定是種表演姿態，其目的是爲了達到更爲真實的生存，也就是以死爲前提的濃縮的生存」（《解讀〈浮士德〉》）……。

　　殘雪之於這些大師經典，已不再僅僅是一種心儀，一種接受，

而是穿越時間隧道的靈魂對話。她爲我們點燃了進入「浩瀚無邊的人類靈魂的黑暗王國」的火炬。因爲，這個黑暗的世界並不只是存在於殘雪個人的內心，它是人類心靈的共同的居所。

從卡夫卡到昆德拉

　　在書店看到吳曉東這本三聯版的《從卡夫卡到昆德拉 —— 20世紀的小說和小說家》，我毫不猶豫地就買下了，一直嗜讀 20 世紀的外國文學作品，甚至還想開一門相關的選修課，所以很想看看人家是怎麼解讀這些外國現代經典的。這本書是吳曉東在北大講授「20 世紀外國現代主義小說」的講稿，解讀的作家作品分別是卡夫卡（Franz Kafka）的《城堡》、普魯斯特（MarcelProust）的《追憶似水年華》、喬伊絲（James Joyce）的《尤利西斯》、海明威（Ernest Hemingway）的〈白象似的群山〉、福克納（William Faulkner）的《喧嘩與騷動》、博爾赫斯（Jorge Luis Borges）的〈交叉小徑的花園〉、羅伯·格裏耶（Alain Robbe-Grillet）的《嫉妒》、馬爾克斯（Garcia Marquez）的《百年孤獨》以及昆德拉的《生命中不能承受之輕》，都是我心儀而熟悉的大師經典，讀起來也就格外親切。

　　這些作品之所以成爲經典，或者之所以被作者選出詳加解讀，顯然不僅僅是因爲它們所擁有的聲譽，更重要的是它們代表了現代小說「經典」的標準。它們被視爲逝去的這個世紀的小說經典的標準是什麼？作者很明確地指出，「現代小說經典一方面是那些最能反映 20 世紀人類生存的普遍境遇和重大精神命題的小說，是那些最能反映 20 世紀人類的困擾與絕望、焦慮與夢想的小說，是瞭解這個世紀最應該閱讀的小說，……另一方面則是那些

在形式上最具創新性和試驗性的小說，是那些保持了對小說形式可能性的開放性和探索性的小說。」任何時代的小說都是自我與世界關係的一種最形象的反映，當小說創作擺脫反映論的桎梏，作者不斷表現出整合支離破碎的世界，實現自我個體乃至人類的拯救與超越的企圖，然而生活的無序與荒誕建構了小說形式複雜性的無限擴展。這是現代主義小說的悖論，也恰恰是吳曉東試圖要解決的問題，即在悖論中解讀小說的內在精神之所在。

　　作者擺脫了傳統小說研究集中於內容分析的意識形態的觀照或文化哲學的視角，把小說放入詩學視野進行闡釋和解讀，尤其著力於小說的結構和形式以及二者矛盾性的剖析。他試圖解答的是小說的內容、意識形態和文化哲學這樣的宏觀敘事是怎樣具體落實和具體呈現在小說層面以及微觀詩學層面。也就是說，小說本身就是一個完整的世界和自足的整體，要解讀和闡釋的是作者如何使得小說本身實現它的完整性和自足性。

　　這不是一部文學史的小說研究，儘管本書充分體現了作者在小說研究領域的宏觀視野和整體把握，但是具體的作品解讀無庸置疑是建構在作品細讀的基礎之上，尤其是〈白象似的群山〉更是直接採用了逐句分析的解讀方式。這正是小說詩學研究的首要步驟和基本要求。正是有了細讀，才有了小說各主題和內在精神的昇華和歸納。每一講的標題，我們可以看作是一部小說中心價值的歸納，如〈小說的預言維度：《城堡》與卡夫卡〉、〈小說的情境化：《白象似的群山》與海明威〉、〈對存在的勘探：《生命中不能承受之輕》與昆德拉〉等等，它們形成了一個關於小說價值的完整結構。當然，這些中心價值不僅僅是一部小說精神的唯一體現，作品的細讀和詩學考察又為我們提供了全方位和多角度的視

野和方向。事實上，各章各段的分析和結論往往是可以獨立成章的，這是小說本身形式上的開放性和探索性的體現，也是小說詩學闡釋無限可能性的表現。

　　雖然只是一本講稿，甚至有意識地保留了講課的現場感，但全書的結構卻顯得非常整齊，對各個作品的分析關注各有側重。作者總是先從作者或作品本身入手，給予直觀的評介，如〈卡夫卡的傳記形象：地窖中的穴鳥〉、〈逆向的哥白尼似革命〉（《追憶似水年華》）、〈只能被重讀的小說〉（《尤利西斯》），〈影響作家的作家〉（海明威）、〈玄想的小說〉（《交叉小徑的花園》）、〈"視覺小說"〉（《嫉妒》）、〈小說的立法者〉（《生命中不能承受之輕》）等等，然後再從不同的視角和詩學理念進行深度分析和解讀，而各角度都用詩意的標題進行了概括和終結，如〈城堡：解釋的迷宮〉、〈回憶，生命的形式與藝術的形式〉等等。視角的多元化和闡釋的開放性體現在對每一部作品的解讀之中，比如《尤利西斯》，就從情節結構、神話形式、文體試驗、意識流及隱語與轉喻的語言分析五個角度入手，進行了多方位的分析和解讀。現代主義小說，確切的說現代主義傾向的小說，原本形式的複雜和內容的晦澀淩亂在這樣多角度多方位的觀照之下意義和價值逐漸清晰自明。

　　值得稱道的是，對文本的解讀並不是這本講稿的全部，作者往往結合具體小說文本的解析，適當介紹一些小說詩學的基本理念和小說分析的基本技巧，從而為讀者解讀小說提供操作層面的可行性手段。這也使它從文本細讀的層面，上升到了小說詩學的層面。作者自己進行文本分析和詩學觀照的過程，絕不缺乏理論的觀照，我們時常可以看到傑姆遜，羅蘭‧巴特、乃至昆德拉、

卡爾維諾或明或暗的影子。尤其是後者自身的小說理論經常性的被用來回照作品。除了敘事學視角之外，時間哲學之於《追憶似水年華》、《喧嘩與騷動》、〈交叉小徑的花園〉，後殖民理論之與博爾赫斯，西方馬克思主義之於《嫉妒》，神話原型批評之於《百年孤獨》等等，既是一種分析角度，也往往作爲一種詩學理念和分析技巧而被講授。此外，作者還始終把這些現代小說經典大師與中國當代小說的創作相聯繫，並非只爲強調二者的影響關係，而是著力發現二者的呼應和中國作家的貫通和開拓，有的雖然是點到即止，但對於讀者視野的擴展和當代文學研究未嘗不是一個新的開拓。

昆德拉常常被人稱爲「小說的立法者」，他對小說在當代的合法性與可能性提出了質疑，認爲小說的形式不會消失，但小說的精神卻可能慢慢地流失。小說的可能性的問題，是一個永遠無法找到答案的問題，然後，正如本書的結尾所言：小說的可能性的地平線在 20 世紀延伸的很遠，至今可能還沒有人能完全看到它的邊際，這恰恰給小說家和讀者都留下了異常廣闊的空間和令人激動的前景。

世紀末的回顧

　　窗外，細細的春雨瀝瀝地下著。倚坐窗前，一本《鄉關何處
——二十世紀中國散文的文化精神》不覺一氣讀完，作者清新的
文風、深刻的感悟和獨到的探尋，恰如那春的氣息，讓人怦然心
動，爲之一振。

　　二十世紀是中國文化意義危機與價值重建的時期，對於五四
以後的中國散文來說，這是一個非同尋常的歷史時空。曾經有不
少論著就二十世紀的散文發展作過闡述，但往往將散文與二十世
紀的文化語境剝離開來，淪入作家作品論的窠臼。以年代爲經，
以作家作品爲緯，時代背景、作家生平、作品分析，構成了大多
數散文史的框架模式。一旦模式化，也就難出新意。在這一點上，
《鄉關何處》有了質的突破。作者王堯並不想就散文論散文，而
是欲以散文爲仲介，探析二十世紀中國散文的多種文化精神現
象；以作家的心態、人格、話語方式等爲物件剖析中國知識份子
在重鑄民族文化精神時的心路歷程；研究散文創作的文化精神與
審美選擇的關係。這樣的學術追求，決定了作者獨特的學術思路。

　　與以往的情感、結構、謀篇、佈局、形散神不散等等的散文
研究視角不同，作者選擇了屬於自己的獨到的研究切入點，從「百
年滄桑」、「人格選擇」、「審美人生」、「人文關懷」、「話語方式」
五個方面，分五章系統論述了二十世紀中國散文的百年滄桑，扼
要概括了二十世紀中國散文的文化精神。可以毫不誇張地說，《鄉

關何處》成功地嘗試和提供了散文研究的新角度，不是單純從文體著眼，而是從散文的精神內核入手，選擇了一種靈動的、富於生命感性的評價方式，以自我心靈和生命體驗來闡釋散文，這也恰好與散文的獨特性相一致。只有與研究物件高度一致的研究方法，才是最佳的切入視角，才會取得切中肯綮的結論。

在這本書中，王堯提出了一個很有意味的命題：散文是文人自由與樸素的存在方式。如果說散文創作是知識份子精神和情感最為自由與樸素的存在方式，那麼二十世紀中國散文則是知識份子審美化的心靈史。作為知識份子的幾代作家，以生命的個體形式和獨特話語，詢問自我與民族的精神去路。這一在世紀初的晨曦中便開始的詢問，沒有隨著世紀末的黃昏降臨而終結。二十世紀中國散文存活著一個民族百年的夢想。在夢想的牽引下，作者引導著我們對經典作家和經典作品一一回顧、選擇與解析，對精神家園進行一次又一次探尋。對周作人的「叛徒」與「隱士」、對沈從文的「民間」立場、對梁實秋「雅舍」裏的人生、對「楊朔模式」的淵源、對巴金《隨想錄》的定位、對史鐵生生命的夢想、對賈平凹的「廢都」情結、對董橋的「文化鄉愁」、對余秋雨的「苦旅」的意義等等都作出了獨到的探尋與解說，論人、衡文、評析、點化俱見功力。有些觀點發人所未道，令人耳目一新。當我們跟隨作者的筆觸，在這個世紀的夕陽下，追逐作為知識份子的散文家一個世紀的湧動心潮時，精神的滄桑感不禁油然而生。

《鄉關何處》所給予我們的啟示當然不僅僅於此，它還提出了建構散文研究新範式的重要問題。正因為散文是知識份子靈魂（心、人格、精神、情感）的最自由也是最樸素的居所，所以關於散文的學問也必然離不開學者的生命體驗。我們應該擺脫散文

研究中傳統寫作學的框架，尋找並確立散文理論批評的立場，以自己的話語與散文文本、創作者和接受者進行真正的對話。在背靠歷史面對現實之中形成散文理論批評的話語系統，建立當代形態的散文學也就成爲當務之急。《鄉關何處》對二十世紀中國散文文化精神的探索歷程，其實也就是作者密切關注文化轉型期散文的文化精神、審美特徵的新變化，試圖建構審視二十世紀中國文化與散文的新範式的一次成功嘗試。這一點，使得《鄉關何處》具有了非同尋常的意義。當然，我們無需回避它可能存在的失誤與局限，而建構新範式的挑戰性與艱巨性，又使我們對它可能的局限懷著深深的寬容與理解。

俠品・書品・人品

　　海內外，徐斯年先生不享盛名。他雖有豪俠的襟懷卻不廣交遊，詩書滿腹卻不好「以文會友」，學貫中西卻毫不矜誇。他有事業心而無事功心，幾十年往返於江南內外，在教育界、出版界都留下了值得稱道的成績。近來，一部《俠的蹤跡》擲地有聲，在武俠小說的研究領域樹立起一塊里程碑。

　　《俠的蹤跡》凝聚著作者的數年心血，更重要的是其間體現出的徐斯年先生的才、學、識、德。嚴肅的文字總是體現著作者的人格、學養，作者的精神總是洋溢在字裏行間。《俠的蹤跡》與徐斯年的關係正是這樣。

　　徐斯年先生是真正廣學的學者，《俠的蹤跡》是見功力的學術著作，這兩者是可以相互印證的。今天的學界，每欽羨世紀初如王國維者，站在國學的高峰放眼四海，融鑄古今，又每憾於不能身體力行。從《俠的蹤跡》，我們可以領略到一點什麼是廣學，什麼是傳統，什麼是古今一爐。

　　國內治新學者難得將新學與傳統聯繫起來，除了人為地將新舊文學對立的意識形態因素外，學力不夠是主要原因。研究當代文學的，幾乎只論眼前；研究現代文學的，專注於現代文學三十年；研究古今文學的，也不用問它於今有何影響。治史的，幾乎都青睞於斷代史。通古今之變，非廣學不可。徐斯年本來研究新文學，壯年曾費時十年在人民文學出版社編《魯迅大辭典》，雖然

至今未曾出版，但他花在上面的功夫卻不白費。循著魯迅的學術思路走一遍，涉獵一下魯迅所耕耘過的領域，學識自有其廣度，更何況徐斯年深深地浸濡在經史之中。兩篇《武俠小說前史》的考證，一在諸子中深入發掘，一在文史叢中梳理，從而闡明俠的起源、俠的社會屬性和先秦俠義觀，分析武俠小說究竟發端於何時，《莊子·說劍》對後世武俠小說的價值，《史記》與「俠德規範統系」，擴展至武俠小說前史階段的整個小說與史筆的關係。這一切都表明了論者的深厚學力。

《俠的蹤跡》所體現的廣學更在於以多元方法致力於同一論述目標，使說理得以深透。於舊學方法，其考據、辨別、訂正之功，使武俠小說中許多深隱的意蘊得以顯示。這種治經史的方法用於一向被稱為小道的小說，乃至小道中的小道 ──「武俠小說」，對於顯示它的價值、提高它的地位，是很有說服力的。至於唐，論者的方法重點轉到文化學與詩學上來，前者揭示出華夏文化與異域文化在激烈的衝撞中廓開恢弘境界，為詩與小說提供了前所未有的活動空間；後者從詩意的創造著眼，把傳奇小說中的武俠小說的自在、自為的歷史特徵突顯出來。談及宋，卻又能由藝術形態入手，真正從說話的家數 ── 短打、長靠書談開去。由六朝至明清，一條文體學的研究路線卻又是自始至終的。另一條貫串的線索則是倫理學的俠的精神、俠德的研究。現代武俠小說論，撇開時刻採用的新舊文化、文學意識的比較方法不談，社會學的方法對於象姚明哀這樣的研究方法對象正是得其所哉！

方法是與識力相副的，體現見識方能稱為得法，否則徒然揮舞一陣方法論，只似小兒遊戲。《俠的蹤跡》的價值正在於識力的不凡，因此於方法的十八番武藝能舉重若輕。徐斯年的追求如他

在〈寫在前面的話〉所說，「論題集中，有深廣度，見解多具個性」，要「搔」得著「癢」處。用武俠行話來說，是爲「點穴」，徐斯年於武俠小說的脈絡、穴道可謂拿揑得准。武俠小說的生命在於小說中有「俠的精神」，因而在論小說之前，先理清這一精神源頭，然後一以貫之於史、於筆、於文、於說部、於現代小說。所以，〈原俠的精神〉第一椿事，是闡明「儒墨自儒墨，任俠自任俠」。明確了俠的源頭的獨立性，然後去考察其流入諸子百家並在其理論體系、道德體系中的構成，考察其寬泛的表現。在這樣的基礎上討論〈中國武俠小說的孕育〉，既有精神史的生發，又有文體史的匯成。

徐斯年的識力更體現在對武俠小說的文體的宏觀把握與各種因素賡續傳承的梳理。宏觀上，徐斯年不孤立地關注武俠小說，從《史記》對後世小說文化的影響，他得出「武俠小說之長篇，從《水滸》直至向愷然、姚明哀、趙煥亭等三十年代名家著作，無不延承著這一文體模式（紀傳連綴體）」的結論。同時也指出「史觀」、「教化觀」對武俠小說一千多年的負面影響。由唐傳奇的總體創作方法，他指出「武俠小說在本質上是浪漫的」。唐代武俠小說對後世的影響重在風格神韻，鴛鴦蝴蝶派的一些武俠小說作者刻意模仿它；四十年代的李壽民、朱貞木汲取唐人風韻形成個人風格已頗有成就；當代「新派武俠小說」的代表者金庸筆下，「唐人風韻」則獲得新的生命、新的形態。宋代的武俠小說反映著「文化下行」的現象：五光十色而又難免瑣屑，生氣勃勃而又不無庸俗。宋代俠義觀念的嬗變則爲「道學化」和「鄉願化」。他對民國武俠小說，卻又根據古今傳承與現代分流的特點，在古典武俠小說、「五四」新文學和民國通俗文學三個參照系所構成的縱橫網路

中考察。

　　《俠的蹤跡》顯示了徐斯年的才情，雖然他早已過了以才情自許的年齡。從上述分析我們不難看出徐斯年可謂是通才，文史哲融通，古今外合一。他的才情更多地顯現在行文上。我們在謹嚴義理之外，更可以欣賞其暢達清麗的辭章。義理、考據、辭章於古文是不變的法門，於現代文章，尤其是學術研究，仍是重要的門徑。《俠的蹤跡》可謂老於此道。就義理而言，它體大思精，十二篇文章將精神的、倫理的、逸世的、俗世的、古代的、現代的各種俠的生態隱括殆盡，其價值當遠過於一般的武俠小說史。有理當得有據，徐斯年的考據、汲論都能稱得上精當。〈原俠及其精神〉中關於「私劍」的討論，由語法結構的考究解決歧見，可見細緻功夫；而汲論於《韓非子》，取其「站在相反的立場而又見解深刻、目光犀利……，於所論物件毫無溢美之詞，所以韓非論及者，倒往往正是先秦俠者自身所有的俠義觀」，客觀公允，恰能補正前此諸家。說到辭章，徐斯年的特點在於敘論的清通暢達。讀他的文章，沒有時下你越說我倒越糊塗的感受。他對每一篇文章都根據物件特點精心結撰，因而十二篇文章集結起來，就很有點絢麗多彩了。從文章的題目就可見一斑：論先秦〈原俠及其精神〉，既古樸又兼顧百家爭鳴時代的特點；談六朝，以「孕育」隱含儒、釋、道融匯；論唐代的〈晶瑩‧奇麗　飛逸‧空靈〉和〈飛劍‧法術‧精怪　道流‧釋氏‧胡風〉，充滿了詩的意象與流走的氣韻，具體論述恰與唐傳奇這一絢麗多姿的對象相吻合。真可謂一片錦心。

　　由《俠的蹤跡》也可顯示出作者的學風，顯示出文人之德。我們也許不能全部同意徐斯年先生的所有大小論點，但卻無可指

責他的學者風範。通觀全書,我們找不到妄字浮詞,更不見強詞奪理,也不見強不知以爲知。以前輩名家,既有膺服又有補正;對後生小輩,既予肯定又加點撥。由此《俠的蹤跡》不僅識理,且能識人,執此一書,不亦樂乎!

海外漢學三家訪談散記

一

2004 年 3 月 26 日，我和李歐梵先生夫婦到哥倫比亞大學參加王德威教授主持的「翻譯與東亞文學」學術討論會。當晚，王德威在紐約有名的華人餐館三石飯店宴請夏先生夫婦、李先生夫婦及廖炳慧、施叔青、孟京輝等諸位先生，我有機會叨陪末座。這是我第一次見到夏先生。此前我跟夏先生已經有過書信往來，並約好這次到紐約跟他做一次訪談。夏先生是蘇州吳縣人，幾十年飄泊在外，對來自家鄉的人格外熱情，一見到我，就滿面笑容，用帶著吳語口音的普通話大喊：你是季進，來來來，坐到我這邊！我們邊吃邊談！那天飯桌上，夏先生點評人事，眉飛色舞，恣意率性，妙語如珠，引得眾人笑聲不斷。笑聲過後，他總會加上一句：「我有趣吧？」「像我這樣 charming 的好人實在是不多了啊！」說完又得意又頑皮的笑起來，哪還有可能訪談？

第二天晚上，我應約來到夏先生的寓所。夏先生的寓所是一座紐約典型的舊式公寓，距哥倫比亞大學僅三四個街區，步行不到十分鐘就到了寓所所在的第 113 街，三月的微風吹到臉上還有些刺疼的感覺。我搞不清樓下的電子門如何操作，正在犯難之際，一位住戶正好出來。於是我道一聲「Thanks」就趁機溜了進去。乘電梯上去，夏先生和太太剛剛吃好晚飯，很驚訝我沒按門鈴就

直接上來了。師母熱情地把我引到書房。夏先生的書房由兩間大房間打通而成，四周全是頂天立地的書架，地上、桌上、沙發上，也堆得滿坑滿谷，走進書房，就已身陷書城。剛一坐定，夏先生就拿出已經簽好名的他剛剛出版的英文論文集 *C.T.Hsia on Chinese Literature*（《夏志清論中國文學》）送給我。打開一看，上面卻不是我的名字，當下倒也不便提出，幸好，夏先生馬上發現搞錯了，找出了贈我那本，上面寫著：「季進教授吾弟來紐約開會，以剛出版的論文集贈之留念。夏志清。二〇〇四年三月二十七日。」書裏還夾了一頁親手列印的勘誤表，薄薄的一頁，卻已盡顯夏先生隨意背後對學術的一絲不苟。夏先生雖說是名震海內外的大學者，可毫無架子，甚至還有些孩子氣，加之昨晚已經見過，所以我們少了些禮節寒暄，就著夏太太送來的綠茶和臺灣鳳梨酥，開始了隨意的訪談。那天晚上從七點鐘一直談到快十點，夏先生仍然意猶未盡，我考慮到夏先生的休息，還是起身告辭。回到街上，內心的興奮和感動，令人再也覺不出拂面的冷風。

　　訪談整理成文後，我寄給夏先生審定。出乎我的意料，夏先生很快寫來了長信，對其中的一些表述、用詞甚至標點符號都一一校正。訪談錄在《當代作家評論》發表後，我又寄去了一份雜誌。夏先生再來一信，希望將來訪談錄收入文集時，對其中個別的表述再作修改。我這裏已遵照夏先生的意見一一改正。特此說明，並衷心感謝夏先生的賜教。這次訪談得到李歐梵先生、王德威先生和夏太太王洞女士的大力支持，這也是我應該特別感謝的。

二

　　2000 年，我有機會與李歐梵老師認識和見面，感覺相當投

緣，自此聯繫不斷。2004 年，李老師邀請我以合作研究教授的身份訪學哈佛大學，在波士頓待了整整八個月。其間躬逢盛會，參加了五月初哈佛大學爲李老師舉行的隆重的榮休儀式暨學術討論會。那天少長咸集，高朋滿座，星光閃耀，韓南（Patrick Hanan）、戈德曼（Merle Goldman）、杜維明、王德威、宇文所安（Stephen Owen）、柯文（Paul Cohen）、葛浩文（Howard Goldblatt）、瓦格納（Rudolf G. Wagner），還有劉再復、廖炳輝、汪暉等等一批重量級學者齊聚一堂。尤其是李老師的一幫高足，孟悅、王斑、陳建華、史書美等弟子從世界各地趕來，讓人不能不感歎「名師出高徒」那句老話。在哈佛的那段時間，我和李老師、師母常常到哈佛廣場附近的咖啡館，聊天喝咖啡，偶爾也喝點啤酒，有時一坐就是半天。每個週末也會到李老師家蹭飯，看影碟。我們的聊天一開始是隨興而談，沒有什麼中心，主要是聽李老師評點國內外學界的動態和熱點。後來我覺得這樣的談話隨風而逝很可惜，就建議李老師每次大致圍繞一個中心話題來談，比如美國漢學、比較文學的發展、文化研究的動態、文本細讀與理論批評等等。我當時都做了錄音，希望作爲以後合作研究的基礎。可惜回國之後，因爲忙於策劃和主編「西方現代批評經典譯叢」、「海外中國現代文學研究譯叢」及其他雜事，李老師的這些錄音一直沒有整理出來，更遑論合作研究了，每念及此，心中十分愧疚。所好李老師把他的藏書都捐贈給了蘇州大學文學院，設立了「李歐梵書庫」，我們也以此爲基礎，成立了「蘇州大學海外漢學（中國文學）研究中心」，創辦了相關網站，李老師幾乎每年都會來蘇州訪問休息，我們依然時時能聆聽李老師的教誨，也依然不斷驚訝於年近七旬的 Leo（李老師）迸發出來的思想靈感，竟是如此的先鋒與

尖銳。我得感謝李老師時時帶給我們的思想的盛宴，也感謝師母李子玉一直以來的關愛。

早在 2002 年，王堯和林建法兄策劃「新人文對話錄」，讓我跟李老師做長篇訪談，後來出版了《李歐梵季進對話錄》。需要說明的是，由於整套叢書都以有點誇張的《XX 對話錄》為名，不得不捨棄了我最初的書名《未完成的現代性》。我感覺「未完成的現代性」很能概括李老師的思想，心中念念不忘，後來幫北大出版社編李老師的學術演講集時，終於用上了這個書名。這裏收錄的訪談，即選自《李歐梵季進對話錄》，並作了一些修改。

三

這是一次遲到的訪談。早在 2004 年 5 月初，王德威來波士頓開會，就約好做個訪談。不意他來去匆匆，時間排得密不透風，那天夜裏十點多才有時間在他住的賓館坐下來聊天。看他一臉的疲倦，也就打消了訪談的念頭。不過，也就是那天晚上，我們談到了由哥倫比亞大學、哈佛大學和蘇州大學三家合作，在蘇州召開「第三屆國際青年漢學會議」的計畫。後來，歷經波折，2005 年 6 月終於成功召開，轟動一時。來自大陸、港臺、馬來西亞、日本、韓國、德國、英國、捷克、美國、加拿大的青年學者雲集姑蘇，海內外一批大牌教授也共襄盛舉。會議的主題是「文學行旅與世界想像」，聚焦於四個方面：一是旅行的「中國性」：從古典到現代，中國經驗與中國想像如何在地域、族裔、社會、文化等各種層面移動與轉化；中文文學如何銘刻、再現這些經驗與想像；二是離散與遷移：隨著華裔子民在海內或海外的遷徙、移民，甚至殖民經驗，中文文學如何體驗它的語言、族裔、典律的跨越

問題；三是翻譯與文化生產：翻譯（從文學、電影、戲劇到各種的物質文化的轉易）如何反映和再現中國與世界的對話經驗？相關的文化生產又如何被體制化或邊緣化？四是世界想像：中文文學如何承載歷史中域外書寫或經驗？多元跨國的現代經驗如何在歧異的語言環境中想像中國歷史？這次會議發表了一批高品質的學術論文，學術思想的激蕩與交鋒，讓大家獲益匪淺，別具一格的線裝本會議手冊也成為難得的紀念品。

　　2007 年 6 月，王德威有機會訪問復旦大學，受聘「長江學者特聘教授」，我也就早早預約，邀請他順訪蘇州大學。6 月 21 日，我先陪他從平江路步行至蘇州博物館參觀，平江路代表了水鄉蘇州，而貝聿銘設計的博物館則代表了傳統與現代的結合。之後再開車前往太湖，在太湖新天地的品茗軒，我們終於可以坐下來，面對波光斂灩的太湖，開始遲到的訪談。我再次感受到這位著名的海外學者開闊的視野，敏銳的思想，縝密的思維以及他特有的極具個人魅力的語言風格。那天偌大的茶樓只有零星的幾個人，很安靜。整整一個下午，似乎眨眼就過去了。黃昏將至，我們才結束訪談，沿著太湖邊蜿蜒曲折，移步換景，經光福，過木瀆，太湖美景，美不勝收，一個下午的勞累也彷彿一掃而盡。

　　這篇長篇訪談，就是我根據訪談錄音，再結合手邊的資料補充、整理出初稿，再發給王德威審定修改而成。

輯 四

《繡像小說》：晚清社會文化的鏡子

鴛鴦蝴蝶《禮拜六》

《新青年》：激進的風旗

狂飆突進的《創造》季刊

承傳與斷裂：《小說月報》

重估《學衡》

《新月》：「懷抱著未來的圓滿」

《人間世》：開卷有益、掩卷有味

《文學雜誌》：自由而純正的文學

《現代》：現代主義的狐步舞

《水星》：星水微茫

時代之波：《戰國策》

《繡像小說》：晚清社會文化的鏡子

如果我們來描繪晚清小說地圖，那麼晚清四大小說刊物《新小說》、《繡像小說》、《月月小說》和《小說林》，無疑是具有標誌性意義的座標。可以說，它們開啓了中國文學的現代性進程，也深刻影響了現代中國文學的某些走向。

《繡像小說》是上海商務印書館在《小說月報》之前先發行的一種小說半月刊，圖文並重，由李伯元主編；1903 年（清光緒29 年）5 月開始發行，至 1906 年 4 月因李伯元去世而停刊，共發行七十二期。雜誌以創作和譯介並重，創作作品尤盛，其中有反映政治黑暗與朝廷腐敗的，有揭發假維新內幕的，有紹介國外新政及科技的，有揭露學界弊端的，旨在暴露晚清社會現狀；譯介則多外國名家名作，如《天方夜譚》、《華生包探案》等，也有政治、偵探、科幻類新小說。《繡像小說》半數以上的小說作品都配有繡像，依據小說的情節畫出，實際上不妨視爲晚清社會活靈活現的寫生畫。

《繡像小說》擁有一批頗有影響的小說作者，晚清四大譴責小說家當中有三位，即李伯元、劉鶚、吳趼人，都是刊物的重要作者。此外還有晚清最早用白話從事翻譯的周桂笙（載有其譯作《一千零一夜》、《歇洛克復生偵探案》等）等人。章回體創作小說是其刊載的主要內容，譯述作品往往壓尾，因而刊物的「中西平衡」也成爲一個特色。主編李伯元的開篇力作《文明小史》在

第 1 至 56 期的刊行過程中，一直列於每期的首位，《文明小史》刊行結束後，《活地獄》調至首位。初期的欄目設計，有著鮮明的社會文化特色，到中期開始歸於純小說，末期李伯元病逝期間則多以短篇譯作以補空缺。李伯元本來就患有慢性癆病，長年積勞成疾，終於不治。《繡像小說》勉強刊行幾個月，終於在出完第 72 期後停刊。

　　19 世紀 60 年代以後，隨著城市的發展，市民文化素質不斷提高。近代的上海逐步成為全國的出版中心、江南文人的匯聚點和文化生產的基地，擁有最大的報刊消費市場。晚清的社會政治文化直接推動了文學藝術的商品化生產，小說刊物也呼應當時的社會思潮。當然，作為一種文化產品，它也受制於文化市場的興旺程度。比如《繡像小說》的連載小說的通俗形式，就與當年的世道人心相適應。《繡像小說》的經營方針，已開始實行徵稿、廣告、發行等系列運行機制與具體措施，初具現代刊物的特徵。《繡像小說》第 22 期登「商務印書館徵文廣告」，其中「小說」類徵稿成為重點。小說第一名酬洋一百元，以下二十名依次遞減至十元不等，稿酬之優厚，在當年是有相當的吸引力的。《繡像小說》刊印的廣告有兩類：一是商務印書館的廣告，包括「徵文」，以及「印刷」、「新書」廣告；另一類就是商業廣告，「司各脫滋補魚肝油」這樣的全張廣告，在封底上先後刊登了數十次之多。這些方面現在已經受到學界的重視，出現了一些《繡像小說》的個案研究。我這裏的部分資料就引自王珺子的碩士論文《晚清期刊 ──〈繡像小說〉研究》。

　　《繡像小說》關注現實，視野開闊。其譴責「罵世」的特徵直接針對中國的社會現實。刊物的許多作者頗受新學影響，他們

的作品多數都具有強烈的政治意識，有的人期盼君主立憲，變革政治；有的人時時抨擊時政，借助文字「揭發伏藏，顯其弊惡」；也有人因爲感到個人的無能爲力，消極頹廢地在狹邪中討生活；有的不提倡保皇也不提倡革命，只相信反迷信、反纏足、反吸食鴉片的教化作用。總之，《繡像小說》爲他們提供了發表個人言論的公共輿論場所。《繡像小說》已經形成了一個現代文化生產機制。徵文方式、稿費制度把一批在科場中謀前程的讀書人轉變成了專門的小說寫家。活活潑潑的刊物欄目把編者、著者和讀者聯繫緊密起來，現代的閱讀把寓教於樂的傳統道德宗旨寄生於休閒方式中。兼具媒體的大眾娛樂性和對時政當局的及時反應，使得《繡像小說》有了一種亦莊亦諧的風格。

鴛鴦蝴蝶《禮拜六》

　　哈佛大學王德威教授的一篇名文〈沒有晚清，何來五四？〉海內外競相傳播，深入人心，只因為說出了一個被人們有意無意地遮蔽的現實：晚清文學、舊文學與新文學的現代性進程，其實是一脈相承的。王德威教授更有大著《被壓抑的現代性》進一步闡述他的命題，縱橫捭闔，鞭辟入裏，端的令人嘆服。我無意評述王德威的大著，只是感慨，文學史的真實面目為何總是被意識形態所遮蔽？那些被壓抑的現代性何時才能重放光芒？

　　1914 年 6 月，《禮拜六》雜誌在上海創刊，至 1916 年 4 月出至百期停刊。五年之後，即 1921 年 3 月復刊，至 1923 年 2 月第 200 期時終刊。前一百期，由王鈍根、劍秋編輯，後一百期由周瘦鵑編輯。《禮拜六》為 32 開本，每冊約 30～40 頁，每星期六出刊，從未脫期。當時文壇期刊林立，唯此一份週刊，一時備受歡迎，發行量最高時達二萬冊之多，以至有人戲稱「寧可不娶小老婆，不可不看禮拜六」。

　　《禮拜六》從不諱言自己講消閒、重趣味的立場，有時甚至以此為號召，特別注重趣味性、娛樂性、遊戲性，重視刊物的編排裝飾，圖文並茂，復刊後更增加了談叢、瑣記、閒話、諧著、格言、雋語、談屑、雜說、俳言、笑話、漫言、遊記、筆記、譯叢、怪問答、新體詩、新體小說等欄目。其實，講究遊戲、消閒和趣味並不是它的唯一目的，在遊戲、消閒和趣味中達到「勸世」

的效果，才是它的真正取向。所以，《禮拜六》張揚傳統的倫理道德觀念，也表現了對時政的關切和強烈的愛國情緒，還有大量的外國文學的翻譯作品。當然，言情小說是《禮拜六》的主打品種，還分出了「豔情」、「哀情」、「怨情」、「懺情」、「苦情」、「俠情」等等名目，翻開任何一期《禮拜六》，都是「癡情一片」。大量的言情小說，多追求風流放縱，講究離奇情節，很是迎合了普通市民的閱讀趣味。真正能夠代表《禮拜六》言情小說水準的，還是周瘦鵑的一些短篇哀情小說。

《禮拜六》復刊之際，正是新文學運動如火如荼之時，陰差陽錯，也就成為新文學作家猛然攻擊的對象。沈雁冰、鄭振鐸、郭沫若等人，都對《禮拜六》作了毫不留情的批判，把以《禮拜六》為代表的民初通俗文學統統稱之為「禮拜六派」，由於他們的言情小說，常寫「三十六鴛鴦同命鳥，一雙蝴蝶可憐蟲」，因此也稱之為「鴛鴦蝴蝶派」。新文學的批判，無意中使得《禮拜六》成為通俗文學期刊的代表，「禮拜六」也成為通俗文學的代名詞。有意思的是，被新文學和改革後的《小說月報》所排斥的通俗文學作家一下子都聚集於《禮拜六》，天虛我生、王西神、朱鴛雛、江紅蕉、李涵秋、陳小蝶、許指嚴、成舍我、程瞻廬、程小青、葉小鳳、嚴獨鶴、徐卓呆、胡寄塵、孫劍秋、姚民哀等等，均為一時之選，把《禮拜六》推向了巔峰，成為與新文學、與《小說月報》相抗衡的最重要通俗文學陣地。歷史的反諷往往如此。

然而，眾所周知，隨著新文學合法化的進程，《禮拜六》及其所代表的通俗文學，越來越邊緣化，後來的意識形態的「政治正確」，更將它們推入了萬劫不復之境。《禮拜六》曾經的真實，曾經的輝煌，曾經的歌哭，也就越來越模糊，以至杳無聲息。

幸好，1990 年代以來，通俗文學一夜之間成了學術界炙手可熱，紛紛追捧的物件，人們終於意識到文學史通俗文學與精英文學的兩個翅膀，是缺一不可的。然而，只有「平反」顯然是遠遠不夠的，通俗文學所蘊藏的巨大資源與現代性命題，仍有待我們去發現和挖掘。簡而言之，《禮拜六》派與新文學的衝突，源於媒體話語權與文學正統合法性地位的爭奪，背後潛藏著日常生活意識形態與知識精英意識形態的分歧，造成了現代性的緊張。《禮拜六》派順應文學市場化與產業化的潮流，將文學引向了當下的感官需求，感官娛樂，將文學放逐為娛樂、消遣的消費物件，掙脫了傳統道統與政統的束縛，衍生出頗具世俗化、商業化的文學類型，大大豐富了中國文學的現代性意涵，而這些意涵正在當下、正在我們身邊大放光彩。

《新青年》：激進的風旗

1936 年，上海亞東圖書館重印《新青年》雜誌時，胡適曾題詞：「《新青年》是中國文學史和思想史上劃分一個時代的刊物。最近 20 年中的文學運動和思想改革，差不多都是從這個刊物出發的。」

的確，中國現代思想史、文學史上，恐怕沒有哪個刊物的地位與影響可以超越《新青年》。《新青年》雜誌原本是陳獨秀於 1915 年 9 月 15 日在上海創辦的以青年為對象、以探討修身治國之道為目的的一份刊物，名為《青年雜誌》。1916 年 9 月 1 日，《青年雜誌》第二卷第一號更名為《新青年》，以激進的文化姿態，一躍而成為文化思想界最閃耀的明星。

1917 年初，陳獨秀應蔡元培之聘北上，成為北京大學文科學長，《新青年》也隨之遷址北京。蔡元培校長宣導思想自由、相容並包所形成的自由寬鬆的文化空間，使《新青年》如魚得水，一批新派文人的加盟，為《新青年》帶來了新的質素。胡適、錢玄同、劉半農、李大釗、沈尹默等輪值主編，討論科學的起源與效果、勞動神聖、精神獨立、憲法與孔教、女子與婚姻等問題，積極倡揚「民主」與「科學」，介紹尼采思想教、馬克思學說……，《新青年》成為主導中國思想文化界的先鋒。

《新青年》創刊之初，陳獨秀鄭重聲明：「批評時政，非其旨也」，試圖與現實政治保持一定距離，以一個純粹知識份子的身

份，從文化深層來推動社會的現代性進程。可是隨著形勢的發展，他對現實政治和社會改造的介入欲望越來越強烈，終於一發而不可收拾，並最終導致了《新青年》群體走向分裂。以陳獨秀爲中心的激進知識份子雖然有著濃厚的知識份子品格，也很重視文化的啓蒙，但最終還是成爲政治革命的直接參與者。革命與啓蒙成爲其鮮明的價值取向。某種意義上說，他們所發動的新文化運動，就是一場爲重建社會政治秩序而尋求意識形態支援的運動，從一開始就不可避免地蘊含著文化主題與政治宗旨的內在緊張。

與《新青年》思想文化層面的追求相伴著的，則是新文學運動的理論建構與實績展現。可以說，新文學運動最大的推動力就來自于《新青年》。胡適的〈文學改良芻議〉率先提出文學改良的八點主張，陳獨秀的〈文學革命論〉「甘冒全國學究之敵，高舉文學革命大旗」，將胡適提出的文學改良進一步深化爲文學革命。周作人、胡適、劉半農等人的文章則構建了新文學運動的理論綱領。從第四卷第一號起，《新青年》全部採用白話文。這些，都震動文壇、影響深遠。當然，更具震憾力的，還是《新青年》所展現的新文學運動的實績。

胡適帶頭嘗試白話新詩，創造了白話新詩的「胡適之體」，開啓了現代漢詩的現代性歷程。魯迅的《狂人日記》橫空出世，樹立了新文學的永恆標高。《新青年》4卷4號開闢「隨感錄」，最先推出白話雜文的新文體，魯迅的雜文將這種文體逐漸推向成熟。魯迅的小說、胡適、周作人、沈尹默、俞平伯等人的新詩，使《新青年》成爲新文學運動的重要陣營，也充分顯示了新文學革命巨大的發展空間，開啓了中國現代文學現代性的進程。

對於《新青年》群體來說，他們由激進的思想文化啓蒙與新

文學革命，走向激進政治革命與自由主義取向的分化，其根本動力都在於推進中國社會的現代性進程。對他們來說，現代性並不僅僅是一個時間範疇，而且代表著全新的思想觀念與文學觀念，準確地說，是現代西方的思想與文化價值體系。哈貝馬斯（Jürgen Habermas）曾說：「現代性，將可以不再借用這樣的標準 —— 從其他時代提供的模式中來選擇自身的方向；它要從它自身中創造出規範性（normativity）」。質言之，中國的現代性必須爲自身立法，而不是簡單地借助西方的現代性模式，在強調「新」時代的意義的同時，我們可能也不應該簡單地、激進地與過去的「舊」時代告別。如何將西方的文化價值與中國傳統的資源相融合，形成中國現代文學現代性的獨特意涵，這可能是我們今天重讀《新青年》所必須思考的問題。

狂飆突進的《創造》季刊

二十多年前，爲了做本科畢業論文，我曾經認真研讀過《創造》季刊，後來完成了關於佛洛德理論與前期創造社的論文，發表於《中國現代文學研究叢刊》，那是我的學術處女作。二十年過去，恍然如夢，如今重讀《創造》，依然能強烈感受到它狂飆突進的青春情懷。只是我們已「青春」不再，留下的是「情懷」背後屬於自己的那份滄桑。

1921 年 6 月的一天，日本東京帝國大學第二改盛館郁達夫的寓所，郭沫若、張資平、郁達夫、田漢等人聚集一堂，宣告新文化運動以來的第二個新文學社團「創造社」正式成立，並具體討論了出版叢書、編輯刊物和成立團體的相關事宜。會員除這幾位外，還有成仿吾、穆木天、陶晶孫等人，都是在日本的留學生。

創造社的第一份刊物，就是 1922 年 5 月 1 日出版的《創造》季刊。創刊號的陣容是相當強大的，郭沫若、成仿吾、何畏的詩，郭沫若的歷史劇《棠棣之花》第二幕，田漢的《咖啡館之一夜》，鬱達夫的《茫茫夜》，成仿吾的《一個流浪人的新年》，張資平的《她悵望著祖國的天野》及長篇《上帝的兒女們》片斷，大多數作品後來都成了中國現代文學史上的名篇，尤其是郭沫若的歷史劇、田漢的現代話劇、郁達夫的浪漫主義小說、成仿吾的頗具現代派色彩的小說，回過頭來看，對新文學的發展顯然起到了開創性的作用。

　　這批創造社的年輕人，文學上有著大致相同的趨向。許多人都喜歡歌德、海涅、拜倫、濟慈、惠特曼、王爾德等人的作品，翻譯了大量德國浪漫主義的文學，也介紹過象徵主義、表現主義、未來派的東西，兼收並蓄，開始形成一種偏重主觀、尊重自我的浪漫主義傾向。他們認為，創作時要自然地流露內心情緒，不要被外來的雜念干擾，要講求文學的「全」與「美」，要「為藝術而藝術」。郭沫若在《創造》季刊第一卷第二期〈編輯餘談〉中說：「我們的主義，我們的思想，並不相同，也並不必強求相同。我們所同的，只是本著我們內心的要求，從事於文藝的活動罷了。」這段話，可能是對他們文藝追求的最好概括了。

　　《創造》季刊創刊號由郭沫若、郁達夫編輯，第二期仍由郭沫若編輯，第三、四期則由成仿吾編輯。至 1924 年 2 月停刊，共出二卷四期，第一卷出四期，第二卷出二期。由於季刊出版週期比較長，無法滿足讀者的需求，當然，更無法滿足「創造者」們的「創造欲望」。於是，1923 年 5 月，再辦《創造週報》，由純文學的季刊，轉向了思想文化評論的週刊。《創造週報》的風行，標誌著創造社進入了全盛時代。

　　《創造》季刊出版之前，「創造社叢書」和「創造社世界名家小說集」即已開始出版。郭沫若的《女神》、郁達夫的《沉淪》、張資平的《沖積期化石》、郭沫若和錢君胥合譯的《茵夢湖》、郭沫若譯的《少年維特之煩惱》等，都已在 1921、1922 年兩年內出版，以其耳目一新的形式、清新自由的內容，風靡一時，征服了無數青年男女的心。「創造社叢書」、《創造》季刊，如瞿秋白所說，「確實殺開了一條血路，開闢了新文學的途徑」，震動了整個文壇，以至他們自己也驕傲地宣揚，「一時如狂飆突起，頗為南北文

人所推重，新文學史上因此而不得不劃一時代。」（《創造》季刊，
第 1 卷第 4 期）

　　然而，創造社異軍突起，突然爆發，仿佛用盡了自己全部的
精力，加之樹敵太多，生活困窘，到 1924 年開始漸顯疲態。1923
年 10 月，郁達夫應聘北上，任北京大學統計學講師；1924 年 4
月，郭沫若再度遠赴日本；成仿吾堅持出完《創造》季刊的最後
一期，也於 1924 年 5 月南下廣州，到廣東大學教書。曾經風雲一
時的早期創造社的青年才俊，就此星散。

　　成仿吾在《創造週報》終刊時，曾宣佈：「不等到來年，秋風
起時也許就是我們捲土重來的軍歌高響的時候。親愛的朋友喲，
請等待著，等待我們捲土重來的雄壯的鼙鼓！」可惜，我們沒有
等到充滿青春情懷的創造時代的歸來，等來的是 1925 年以後，後
期創造社的重大轉向。李初梨、馮乃超、朱鏡我、李一氓、陽翰
生等一批新成員加入進來，先後出版《創造月刊》、《文化批判》
等雜誌，提倡同情無產階級的革命文學，思想意識形態明顯左轉。

　　此時的創造社，已經與《創造》季刊、與那個創造的時代漸
行漸遠了。

承傳與斷裂：《小說月報》

　　從 1910 年 8 月創刊，到 1932 年商務印書館遭戰火而停刊，《小說月報》前後綿延達二十一年之久。這份民初及五四時期最爲重要的文學刊物，成爲我們考察晚清以來中國文學現代性的生動個案。從晚清到新文學，探索、追求、彷徨、猶疑，中國文學現代性想像的軌跡，都在《小說月報》上表露無遺。

　　《小說月報》的第一任主編是王蓴農，別號西神。現在很少有人知道，他還是錢鍾書的親舅舅。創刊號上的《徵文通告》即出自他手，明確宣稱「本報以趨譯名作，綴述舊聞，灌輸新理，增進常識爲宗旨」，設立的欄目則有圖畫、長篇小說、短篇小說、譯業、新智識、筆記等，花樣繁多，以傳授新知爲主，發表的大都是鴛鴦蝴蝶派的作品，很適合小市民讀者的品味。不久，第二任主編惲鐵樵就任。惲鐵樵比起王西神來要西化一些，自己也翻譯過西洋文學作品，喜歡寫實性的文學，而不欣賞濫情的鴛鴦蝴蝶派小說，所以編發的作品風格與王西神時期也頗爲不同，魯迅的《懷舊》就是他發現並力加推介發表的。1917 年，惲鐵樵離開，王西神重新執掌《小說月報》。不過，此時的情勢已然大變。隨著新文化運動的興起，《小說月報》的傳統面貌與格調，已經遠遠不能滿足時代的要求。

　　1920 年初，沈雁冰進入《小說月報》，負責「小說新潮」欄目，這個欄目因此成爲《小說月報》革新的先聲。從 1921 年 12

卷 1 期開始，沈雁冰正式出任主編，拉開了全面改革的序幕。他宣言，「一國文藝為一國國民性之反映，亦惟能表現國民性之文藝能有真價值，能在世界的文學中占一席之地」，主張廣泛介紹歐洲各派的文藝，且於為藝術的藝術與為人生的藝術，兩無偏袒。雜誌全部採用白話文，推出了一系列震動文壇的專號，比如「俄國文學研究」、「被損害民族的文學」等，應和了新文化運動創建中國新文學的籲求，顯現出一片新氣象、新格局。

後來，由於沈雁冰對禮拜六派的批評，惹起一些人的不滿，於是由鄭振鐸接任，1927 年鄭振鐸赴歐遊歷，改由葉紹鈞主編，等其回國，再交還鄭振鐸，一直到 1931 年鄭才離開。不久，商務印書館和《小說月報》也毀於戰火。鄭振鐸和葉紹鈞都是新文學的重要人物，很自然地繼承了沈雁冰的編輯方針，大力譯介外國文藝思潮，推出了一批頗具份量的新文學作品，比如老舍的《老張的哲學》、巴金的《滅亡》等等。在沈雁冰等人的努力下，《小說月報》的發行量也由原來二千冊，最高躍升至一萬冊，成為當年文壇的一大奇景。

當然，《小說月報》的成功，一方面固然是因為它的變革應和了與文學危機與思想危機相伴而來的文學現代性的要求，另一方面則是因為新銳的商業化、市場化的運作，給它帶來了巨大的成功。它沿襲了《小說月報》的舊有刊名，大打「小說牌」，小說幾乎成為文學的代名詞。從作為文化商品的文學刊物來看，沿用舊有刊名，顯然要比另創新刊來得有利。它維繫了刊物基本的風格，也留住了大量的老讀者。而順應時代的變革，則使《小說月報》成為新文學運動的重要陣地和新派讀者的精神家園。表面上看起來，《小說月報》沒有象《新青年》那樣，成為新文化運動激進的

風旗，但卻保持了內在的統一，承傳與斷裂互爲推進，依循文學現代性的想像軌跡穩步前行，在中國文學史上留下了美妙的身姿。《小說月報》從舊到新的內在邏輯，正是我們從晚清民初探索文學現代性的有力證據，一定程度上也消解了「五四」之於中國現代文學的神話地位。

重估《學衡》

1922年1月,《學衡》創刊。這份以中外思想文化評論爲主,兼有現實文化批評的雜誌,先後共出版七十九期,支撐達十一年之久。吳宓、胡先驌、梅光迪、柳詒徵、湯用彤、劉伯明、樓光來等人,以《學衡》爲中心,形成了有著大致相同的學術志向與文化精神的學衡派知識份子群體。吳宓的執著、梅光迪的激烈、湯用彤的平和、劉伯明的開放,形塑了《學衡》的獨特品格,使之成爲1920年代能與《新青年》激進知識份子群體相抗衡的重要文化力量。然而,由於歷史的誤構,導致了此後幾十年《學衡》備受冷落的必然命運。如今,拂去厚厚的歷史塵埃,個中的曲折,令人深長思之。

1990年代以來,隨著大家對《學衡》和文化保守主義傳統的重新發現與肯定,《學衡》與吳宓一度成爲熱點。的確,眾多學衡派知識份子中,只有吳宓一人與《學衡》相始終,吳宓的生命與理想早已融入於其中,須臾不可分開。然而,媒體的「熱炒」,總是有著欺騙性的,不可能引領我們重回歷史語境,只是增添了不少花邊奇聞,爲消費社會的消費者(讀者)增添些談資罷了。我們離真實的《學衡》及吳宓依然遙遠。

《學衡》創刊伊始,就給自己立下了辦刊方針,希望超越一時之尙,「論究學術,闡求真理,昌明國粹,融化新知,以中正之眼光,行批評之職事,無偏無黨,不激不隨」。他們的思想文化批

評基本上偏於學理，與現實政治保持著一定的距離。並不是他們不想在公共話語空間爭得自我的話語權力，只是因爲他們是一群追求道德理想的理想主義者。現實與理想的對立和反差，常常使其陷入矛盾之中。吳宓在日記中說，處今之世，有的人但計功利，以圖事功，有的人懷抱理想，恬然退隱，他卻希望兩者兼顧。「心愛中國舊日禮教道德之理想，而又思以西方積極活動之新方法，維持並發展此理想，遂不得不重效率，不得不計成績，不得不謀事功。此二者常互背馳而相衝突，強欲以己之力量兼顧之，則譬如二馬並馳，宓以左右二足分踏馬背而繫之，又以二手堅握二馬之轡於一處，強二馬比肩同進。然使吾力不繼，握轡不緊，二馬分道而奔，則宓將受車裂之刑矣。此宓生之悲劇也。」進而言之，這又豈只是吳宓一人的「悲劇」，其實也是《學衡》，也是一群人、一代人的「悲劇」。

翻一翻《學衡》雜誌，不難看出他們的確是希望在中西文化的宏闊背景下，以一種超然獨立的態度，追求終極的價值理性。一方面，大量發表關於中國傳統文化的研究和探討，兼及教育、道德、社會諸問題，還有不少舊體詩作；另一方面，又熱衷於引進白璧德的新人文主義，試圖以人文主義的文化發展的承繼性和規範性，來制衡文化激進主義所帶來的文化價值觀念的失範和倫理道德的淪喪。人文主義成爲他們安身立命之「道」，《學衡》也因此成爲「論道」的人文主義堡壘。

顯然，在新文化運動的時代語境中，它顯得那樣的不合時宜，尤其是學衡派諸位還想依循自己的文化理念對當下的新文化運動說三道四，這就爲新文化激進知識份子所不容了。魯迅的一篇〈估《學衡》〉，一槌定音。其實，僅僅從幾十期的《學衡》來看，是

看不出多少對新文化運動的「惡毒攻擊」的，其根本衝突還在於如何看待中國傳統的舊文學與舊文化。學衡派認為，中國文化不是該不該新，而是如何新，而激進知識份子則要掃蕩一切，重創一種嶄新的文明，從而推進中國的現代性進程。現在回過頭來，重新觀照他們「新」與「舊」的立場分歧，學衡派對傳統文化的尊重態度與中庸的價值取向恰恰正是創建一個富有活力的現代社會所不可或缺的。在尊重現存秩序的歷史連續性的前提下，漸進地求得新機制在舊機制內的生長，可能更是實現中國富強與現代化的有效途徑。

托克維爾（Alexis de Tocqueville）《舊制度與大革命》中一段話，很值得我們深思：

> 我深信，他們在不知不覺中從舊制度繼承了大部分感情、習慣、思想，他們基本甚至是依靠這一切領導了這場摧毀舊制度的大革命；他們利用了舊制度的瓦礫來建造新社會的大廈，儘管他們並不情願這樣做；因此，若要充分理解大革命及其功績，必須暫時忘記我們今天看到的法國，而去考察那逝去的、墳墓中的法國。

《新月》：「懷抱著未來的圓滿」

說起《新月》及其那批新月派詩人，人們總是離不開詩人的浪漫等固定程式，大家也樂於傳說他們的傳奇逸事。這兩年新月派詩人邵洵美時隔半個多世紀之後重新成爲文壇話題，或許就是明證。其實，這只是人們的想像而已，歷史記憶與歷史想像往往難以合二爲一，新月社、《新月》、新月派、新月詩人，他們的真實面貌恐怕不是三言兩語就能說得清的。這裏所說的《新月》，也只是新月一瞥而已。

1927 年春，胡適、徐志摩、余上沅等人在上海籌辦新月書店，1928 年 3 月正式創辦《新月》月刊，由徐志摩、羅隆基、胡適、梁實秋、聞一多、邵洵美等人參與編輯。到 1933 年 6 月，《新月》雜誌出至第 4 卷第 7 期停刊，共出版 43 期。隨著雜誌的停刊，新月社也基本解散。「新月」這個刊名，有人說套用了印度詩哲泰戈爾的《新月集》，蘊含著「新月必圓」的意思；也有人說是源于陸放翁的詩句：「傳呼快馬迎新月，卻上輕輿趁晚涼」，這倒更有些意味；而徐志摩則說：「我們捨不得『新月』這名字，因爲它雖則不是一個怎樣強有力的象徵，但它那纖弱的一彎分明暗示著，懷抱著未來的圓滿。」這樣的解說則不僅是解釋刊名，而是在言說心聲了。

很有意思的是，《新月》的形式也別具一格，在眾多刊物中頗爲搶眼。當年參與其事的梁實秋曾經回憶道：「新月雜誌的形式與

眾不同，是一多設計的。那時候他正醉心於英國十九世紀末的插圖畫家璧爾茲萊，因而注意到當時著名的『黃書』（The Yellow Book），那是文圖並茂的一種文學季刊，形式是方方的。新月於是模仿它，也是用它的形式，封面用天藍色，上中貼一塊黃紙，黃紙橫書宋楷新月二字。」這裏說的《黃書》，也就是郁達夫鍾愛的《黃面志》，如果有人去追溯一下英國《黃面志》與中國現代文學的關係，倒是很有價值的一件事。《新月》還採用了「毛邊本」的形式，創刊號「毛邊本」，方方正正的封面背後隱隱顯露出不曾裁邊的紙頁，當年創辦者的唯美趣味躍然紙上。

　　《新月》以及新月派成員，其實只是一個鬆散的群體。1922年 10 月，徐志摩留學回到北京，發起組織了一個聚餐會，參加者既有作家、大學教授，也有政界、實業界的朋友，徐志摩私心希望大家在一起為中國新詩以至整個新文化，開闢一個新天地。後來聞一多等人也加入進來，他們一起聚餐聊天，一起創辦書店、出版叢書，創作了大量優秀的詩作，逐漸形成了大致一致的文學主張，人們把他們稱為「新月派」。這個鬆散的群體，與其說是嚴格的社團，不如說是一個沙龍。它與以佛吉尼亞‧伍爾夫姐妹為中心的布魯姆斯伯裏文人集團（Bloomsbury）精神上頗為相似。最近美國學者出版了《麗莉‧布裏斯科的中國眼睛》（*Lily Briscoe's Chinese Eyes*），就專門討論新月派與布魯姆斯伯裏的關係，尤其是徐志摩、凌叔華等人與布魯姆斯伯裏的交往，讀來興味盎然。

　　雖說是鬆散的群體，可《新月》還是有相對一致的文學追求與美學趣味。它們強調人性的力量，宣導個性主義，從一開始就以捍衛文學的純正品味為己任，「醇正」與「純粹」被視為作品的最低要求，尤其是強調詩的形式即詩的格律，這是新月詩人對現

代漢詩的最大貢獻。聞一多的《詩的格律》提出了新詩格律的三大主張：音樂美、繪畫美和建築美，詩人要自覺地戴著鐐銬跳舞，這些主張成為後來現代漢詩發展的重要理論資源。回顧《新月》以及新月詩派的發展，我們有必要重溫徐志摩的發刊詞《新月的態度》，因為這不僅是「新月」的態度，其實也應該是一切文學媒體的態度：

> 我們對我們光明的過去負有創造一個偉大的將來的使命；對光明的未來又負有結束這黑暗的現在的責任。……我們要充分發揮這一雙偉大的原則 —— 尊嚴與健康。尊嚴，它的聲音可以喚回在歧路上彷徨的人生。健康，它的力量可以消滅一切侵蝕思想與生活的病菌。

《人間世》：開卷有益、掩卷有味

　　1930 年代，湧現了一大批文學期刊，文學呈現出一種全面繁榮的姿態，1934 年甚至被稱作「期刊年」。在此背景下，《人間世》降臨人間。

　　《人間世》1934 年 4 月 5 日創刊，至 1935 年 12 月 20 日與良友圖書公司解除合約，共出 42 期。後來，在 1940 年代曾兩度復刊，但其影響與原來的《人間世》早已不可同日而語。《人間世》是由林語堂主編，陶亢德等人任編輯的小品文半月刊。它的《發刊詞》中明確指出，由於「現代刊物，純文學性質者，多刊創作，以小品文作點綴耳」，因此「人間世之創刊，專爲登載小品文而設，蓋欲就其已有之成功，扶波助瀾，使其欲臻暢盛。小品已成功之人，或可益加興趣，多所寫作，即未知名之人，亦可因此發見」。對所刊文章的素材雖要求寬泛，「宇宙之大，蒼蠅之微，皆可取材，故名之爲人間世」，尤其強調「開卷有益，掩卷有味」。「味」是其承續《論語》一以貫之的特色，而「益」則是其創刊的價值所在。因此，或許可以說，《人間世》是對《論語》雜誌某種程度的反撥。

　　根據所刊文章體現出的不同風格和價值取向，《人間世》可以分爲前後兩期：前期主要提倡從古典文學中的明清小品文中取法；後期則主要致力於介紹西洋雜誌文。但是不論前期還是後期，要「開卷有益、掩卷有味」的宗旨，兼顧繼承古典文化精髓和譯介借鑒外來文化的思想是貫穿始終的。這種思想的正確性，已經

得到了歷史的證明。

　　1934 年 10 月 17 日《申報・自由談》發表了〈不關宇宙或蒼蠅〉（維敬）一文，剖析《人間世》的問題在於「談的立場是『自我為中心，閒適為格調』而已」，成為《人間世》改版的契機。隨後第十四期發表《關於本刊》，表明其辦刊傾向的變化：要「走上西洋雜誌之路」。文章針對前幾期中過於偏重古文的情況，表明自己提倡的小品範圍卻非如古人之所謂小品，重申這本雜誌的目標「仍是使人『開卷有益，掩卷有味』八個大字」。在分析了西洋雜誌文字的優點之後，提出要改版的措施：一是「提倡特寫」、二是「開『西洋雜誌文』一欄。從下期起，取消『譯叢』，而添此欄」。並且聲明「我們不管文學不文學，此欄並不要介紹西洋文學，只是叫人見識見識西洋雜誌是怎樣有益而且有味與社會人生有關之文字」。這個聲明表明了《人間世》小品文半月刊的整體審美品格的轉向，即由重點介紹中國明清小品文，轉而介紹、借鑒西方雜誌文。「隨感錄」在第十五期被取消，十六期用「專篇」來作為欄目的名稱，直至第二十七期而後，細分為「思想」、「山水」、「人物」。這些欄目名稱的變化，可見《人間世》編輯者的用心良苦，亦可傳達出他們對社會、對人生的負責態度。

　　儘管如此，《人間世》自一創刊起，就處於飽受撻伐的尷尬境遇。對《人間世》誤讀是和時人對林語堂的誤讀緊密聯繫在一起的。造成打擊《人間世》局面的關鍵人物就是魯迅。雖然林語堂一再發表〈論小品文半月刊〉、〈論小品文筆調〉、〈論玩物不能喪志〉、〈時代與人〉、〈關於本刊〉等一系列文章解釋說明，並且以實際行動不斷調整欄目、內容的設置來投合評論者的意見，甚至在 1935 年創辦了《宇宙風》，但終是難以見容於那些激進的左翼

作家之法眼，甚至專門創刊了《太白》與之對抗。面對左翼作家的批判，和南京立場的微風文藝社的聲討，「呈請黨政機關嚴厲制裁魯迅及林語堂兩妖」，「警告魯迅及林語堂迅即改變其作風，否則誓與周旋」，林語堂處境的艱難可想而知，《人間世》也因此而停刊。

　　《人間世》所刊文章延續了新文化運動中對於「人」的解放問題的思考，而且始終堅守文學的品味與趣味，成為眾聲喧嘩的三十年代文壇中的重要聲音，這無論如何都是不應該被忽略的。

《文學雜誌》：自由而純正的文學

　　1937 年 5 月，在北平後門內慈慧殿三號，朱光潛主編的《文學雜誌》正式創刊，胡適、楊振聲、沈從文、周作人、俞平伯、朱自清、林徽因、馮至等人出任該刊的核心成員，強大的陣容和全新的內容，讓人為之一振，在北平以至全國文藝界產生了強烈的反響。可惜，好景不長，很快北平淪陷，《文學雜誌》也消失於戰爭之火。十年之後，朱光潛返回北京大學，重振雄風，1947 年 6 月，《文學雜誌》復刊，出版了第二卷第一期，直到 1948 年 11 月初出到第三卷第六期後，不得不宣告停刊。前後共出版了三卷二十二期。

　　從時間上來看，《文學雜誌》不可謂不短，前後才二年多的時間，可是，從實績上來看，《文學雜誌》卻不可謂不小，如今我們談論所謂的「京派」文學，無論如何是不能忽略《文學雜誌》的。某種意義上說，它其實就是「京派」文學的重要陣地，彰顯出京派文學的獨特品味與魅力。上個世紀二、三年代之交，正是「文學革命」轉向「革命文學」的重要時期，到三十年代形成了京派、海派與左翼文學競相爭流的文學景觀。《文學雜誌》義不容辭地承擔起了建構與推進京派文學理念的重任。它強調文學與時代、政治的「距離」，追求人性的永久的文學價值，強調民族文化精神重造的純文學流派，宣導「在自由發展中培養純正文藝風氣」。朱光潛在〈我對於本刊的希望〉中明確指出，對於文化思想運動的基

本態度就是「自由生發，自由討論」，並指出「一種寬大自由而嚴肅的文藝刊物對於現代中國新文藝運動」的職責，應該集合全國作家在「自由發展個性」中「開發新文藝」，應該是「新風氣的傳播者，在讀者群眾中養成愛好純正文藝的趣味與熱誠」。十年後，該刊〈復刊卷頭語〉又說：我們的目標「就是採取寬大自由而嚴肅的態度，綜合全國作者和讀者的力量來培養成一個較合理的文學刊物，藉此在一般民眾中樹立一個健康的純正底文學風氣。」這樣一以貫之的辦刊宗旨和指導思想，使該刊前後兩個時期保持了較高的品格和基本統一的風格。

在朱光潛等人的精心耕作和苦心經營下，《文學雜誌》呈現出它特有的個性與風采，成為京派作家的重要園地。京派作家以自由的精神和獨立的人格，表達著自己的學術思想和文藝觀念，使《文學雜誌》呈現出濃郁的純文學氣息。雜誌既有小說、詩歌，也有戲劇、散文，還有論文書評，論文不僅限於文學，有時也涉及文化思想問題，甚至還有對外國文藝思想與文學作品的譯介，幾乎每一期都介紹國外新近的文藝思想和文學作品，以打開國人的文學視野。而周作人、俞平伯、沈從文、朱光潛、朱自清、李健吾、林徽因、蘆焚、凌叔華、廢名、蕭乾、馮至、卞之琳等京派作家頻繁亮相，群星閃爍，一時間更是讓雜誌顯得絢麗多姿，成為文學界一道亮麗的風景線。

京派反對文學的政治化和商品化的功利主義傾向，主張文藝家應該採取「超然」的態度，推崇「純正文學」，強調文學要表現人性和「和平靜穆」的美，顯現出純文藝的審美趣味。這些也成為《文學雜誌》大力提倡和闡揚的文藝思想和文學觀念，它發表的大量文論幾乎都是對這些文學觀念的闡述。這種觀念決定了京

派作品的人生抒情，不是壯懷激烈之情，而是憂鬱悲涼之情，多的是圓潤和柔婉。用沈從文的話說，「有的只是一點屬於人性的真誠情感，浸透了矜持的憂鬱和輕微瘋狂」，無論內心如何激烈，外表卻依然和平蘊藉，「時間流注，生命亦隨之而動與變，作者與書中角色，二而一，或在想像的繼續中，或在事件的繼續中，由極端給亂終於得到完全寧靜」（〈看虹摘星錄·後記〉）。這或許正是《文學雜誌》與京派文學至今依然令人懷想的重要品格。

　　可惜的是，復刊後的《文學雜誌》雖然繼續追求自由而純正的文學，可是隨著「時間流注」，它卻逐漸失去了昔日的風采，最終帶著幾許無奈走向了終刊的宿命。

《現代》：現代主義的狐步舞

如果考察西方現代主義在中國的傳播與影響，不能不說到30年代的《現代》雜誌。雖然它的文學傾向不盡一致，「現代主義」也很難概括《現代》的全部意涵，可是，這份雜誌名為「現代」，似乎天生就與「現代主義」有了親密的聯繫。其實，《現代》雜誌的得名，只是緣於出版這家雜誌的書店是「現代書店」而已。

1932年5月1日的《現代》雜誌創刊號上發表了主編施蟄存的〈創刊宣言〉，聲稱雜誌並非同人雜誌，「並不預備造成任何一種文學的思潮、主義或黨派」。所刊文章，也只依編者個人的主觀標準，也是文學作品本身的標準。然後，不管是有意或是無意，《現代》雜誌還是很快形成了自己特有的風格，體現出以現代派為主體的審美趣味。作為20世紀30年代初享有盛譽的一本文學雜誌，《現代》的作家群體的確比較鬆散，魯迅、郭沫若、茅盾、郁達夫、巴金、老舍等人都有文章發表，可是，最為活躍的還是施蟄存、穆時英、杜衡、戴望舒、李金髮、林庚等人，發表了相當數量的具有西方現代主義色彩的作品和譯文，由此形成了一個引人注目的「現代主義」作家群體。

這可能與作為主編的施蟄存、戴望舒、杜衡等人大有關係。相容並包的審美品味，讓施蟄存他們既希望全面體現30年代初期的文學面貌，又私心偏好新興的西方現代文學。他們幾乎每期都刊登歐美、日本的現代文學創作與文論的翻譯，以及對這些國家

文學思潮的介紹，後來還增設「外國文藝通信」，邀請在各國的留學生報導當地最新的文壇動態。他們最大的手筆當是 1934 年10 月出版的《現代》雜誌五卷 6 期爲「現代美國文學專號」，厚厚的四百多頁，幾乎是一部相當完整的「現代美國文學史」，將美國文學構建爲帶動世界文學發展的「新傳統」，也隱含了他們關於現代中國文學發展進程的某種構想。差不多半年世紀以後，施蟄存在〈〈現代〉雜憶〉一文中還特地提到這期專號，內心不無自豪。

《現代》雜誌的現代主義的狐步舞跳得最出色的還是現代詩風的象徵派詩，孫玉石教授曾經對此有過精當的論述。《現代》雜誌對於「現代」風詩歌創作的自覺提倡，對於國外象徵派、意象派、英美現代派詩的譯介，現代派詩學理論的發表，逐漸形成了一個以戴望舒爲盟主和領袖，以《現代》雜誌爲中心的現代派詩潮。它體現了新詩對浪漫派、初期象徵派的超越，實現由象徵派到現代派的美學轉折，尤其是《現代》雜誌對於意象派詩的譯介與實踐，對都市生活、情緒、節奏、意象的表現，推動新詩進入了一個全新的表現領域。《現代》雜誌因此成爲 30 年代現代主義詩潮的重鎮。

30 年代十里洋場的上海，無疑爲現代主義的狐步舞提供了適宜的現代都市氛圍。其他姑且不論，只說外國文學作品的引進與接受，當年的上海就有著我們現今無法企及的優越條件。那時上海有好多家 Kelly & Walsh 這樣的外國大書店，可以直接訂購《名利場》（*Vanity Fair*）、《哈潑斯》（*Harper's Magazine*）、《泰晤士時報》（*Times*）等等外國圖書期刊，甚至將外文雜誌的圖片和漫畫直接刊發到自己的雜誌。這使得上海的現代主義的狐步舞與西方保持了大致相同的節奏。很有意思的是，60 年代白先勇、王文興、

陳若曦、李歐梵等一批台大外文系的同學也辦過一本《現代文學》雜誌，也是著力譯介他們當時也一知半解的西方現代主義文學，而 80 年代初的大陸，也曾出現過所謂的「現代派」論爭。西方現代主義文學在中國的幾起幾落，不能不讓人感到歷史的蔽障與歷史的循環所帶來的深深尷尬。

　　從 1932 年 5 月到 1935 年 5 月，《現代》是三十年代存在時間較長、也是最具影響力的純文學刊物之一。如果說新文學運動揭開了引進西方現代主義的帷幕，那麼《現代》則展示了西方現代主義在中國的華美的狐步舞，推動了現代主義開始真正進入中國現代文學的肌體。重讀《現代》，無疑是我們認識「現代」、認識現代文學的一個有效途徑。

《水星》：星水微茫

　　《水星》，文學月刊，北平文華書局發行，民國二十三年十月十日出版，至二十四年六月出至第二卷第三期停刊，共出九期。對於大多數人來說，《水星》早已是星水微茫，不知其為何物了。可是，說到聲勢浩蕩的「京派」，卻繞不開小小的《水星》。

　　《水星》的創辦，其實跟《文學雜誌》直接相關。當年北平立達書店約請章靳以編輯一本文學雜誌，他自認資望能力不能勝任，特請在燕京大學任教授的鄭振鐸合編。於是二十三年一月，《文學季刊》這份大型文學雜誌在北平應運而生，主編署鄭振鐸、章靳以，又有巴金參與編務，由於鄭振鐸和巴金的關係，這份刊物廣羅了許多原來往往不會同時出現在一個雜誌中的「京派」和「海派」作家。編輯人有冰心、朱自清、沉櫻、吳晗、李長之、林庚，還開列了卞之琳等一百零八人的撰稿人名單，陣容之強，極一時之盛。當時北平的經銷商見《文學季刊》銷路好，眼紅，商請出資另辦一個小型純登創作的的文學月刊。鄭振鐸、巴金、靳以等人也樂得有一個「副刊」，於是便有了《水星》，由卞之琳、巴金、沈從文、李健吾、靳以、鄭振鐸編輯。實際負責編務的主要是卞之琳，第二卷起卞之琳東渡日本京都埋頭譯書，編務才改由靳以負責，編輯部就設在北平北海三座門大街十四號。

　　《水星》看似依附于《文學季刊》，其實卻有自己的特色。它的封面很是素淨，大三十二開本，白色封皮上一個紅線勾出的長

方型框子中，黑色的「水星」二字外，別無裝飾。從第二期起更加簡淨，封面五分之二處以紅色套印刊名，五分之二排印目錄，最後五分之一標月份及出版社。翻開雜誌就是目錄、正文，無發刊辭、宣言，也無插圖廣告之什。雜誌的簡淨樸實其實是延續了《語絲》、《駱駝草》的辦刊風格。後來在第二期由卞之琳寫了〈水星編輯室〉還作了些解釋：

> 刊物名字太難取，我們那一晚在某處坐談，也許是舉頭見星，低頭見水的緣故，有人提議叫作「水星」，大家覺得還來得別致，「水星」就「水星」吧。……這個小刊物用了「水星」的名字，正如八大行星中這個小行星用了神使 Mercury 的名字，也正如人名字叫做阿貓阿狗 ── 記號而已。……開場無白，編後無記，封面無畫，正文前無插圖，正文中無廣告，這個刊物初次露面就不像一本雜誌吧，可是我們倒想能這樣老老實實的辦就這樣辦下去。至於論文與翻譯我們也知道是重要的，不過我們想暫時把理論與介紹的工作讓旁的刊物去辦。要不然，既非同人雜誌，又無相當個性，　這個刊物辦在這個雜誌世界裏實屬多此一舉。

然而由於刊物容量有限（每期 100 餘頁），又有「近水樓臺」之便，編委中巴金、靳以、沈從文、李健吾、鄭振鐸、卞之琳的詩文就占了三、四分之一，此外主要有周作人、廢名、蹇先艾等文壇宿將，以及何其芳、李廣田、蕭乾、蘆焚、南星、臧克家等文壇新秀。《水星》發表的遊記隨筆頗有特色，比如沈從文的〈湘行散記〉，鄭振鐸（西諦）的〈西行書簡〉，以及蹇先艾的〈魯遊隨筆〉。小說方面，蕭乾發表了〈俘虜〉、〈籬下〉、〈皈依〉，以及原擬作為〈籬下集‧跋〉的〈給自己的信〉。而卞之琳、何其芳、李廣田、林庚、南星等人的詩也頗可注意。

　　特別值得一提的是，周作人（知堂）在這裏發表了〈古董小記〉、〈《論語》小記〉和〈關於畫廊〉。經過大革命的幻滅，在歷史循環的憂懼中周作人此時已「閉戶讀書」，「我恐怕也是明末什麼社裏的一個人」，1934 年作〈五秩自壽詩〉嗟歎「半是儒家半釋家，光頭更不著袈裟」，「旁人若問其中意，且到寒齋吃苦茶」了。在〈《論語》小記〉，他總結自己重讀論語的印象「只是平淡無奇四字」，而且說它既「切實」又「空虛」。雖然已經是「知堂」，其論聖人經典如《論語》，仍可見出「人的文學」的神采的吧。而這種半儒半釋、走向內心的平淡的立場，似乎已經預示了周作人日後的命運。

時代之波：《戰國策》

　　1940 年 4 月，陳銓、林同濟、雷海宗等人於昆明創辦《戰國策》半月刊，朱光潛、馮友蘭、沈從文、費孝通等一批自由主義知識份子被聘爲特約撰稿人。由於日本人空襲頻繁，紙張印刷遇到問題，再加上其他問題，這份刊物到 1941 年 4 月宣佈停刊。而後林同濟、陳銓和雷海宗和設在重慶的《大公報》商議，得到《大公報》的王芸生支持，開闢了《戰國》副刊，每週 1 期，從 1941 年 12 月到 1942 年 7 月，共出版了 31 期。由此形成了現代文學史上備受爭議的「戰國策」派。

　　「戰國策」派總體上是一個激進的民族主義團體，其初衷就是戰時的文化重建。他們在抗戰的旗幟之下，「抱定非紅非白，非左非右，民族至上，國家至上之主旨」，吸引不同文化思想、不同社會階層的人才走到一起，思考如何在世界民族生存競爭中保存自己的民族。他們有一個共同的認識，就是現代中國的民族精神已經衰弱到極點，民族的精神思想需要重新塑造。「戰國策」派的「三駕馬車」陳銓、林同濟、雷海宗，都曾經留學歐美，都以發達民族作爲歷史參照，強烈地感受到中國民族的精神危機。整個世界正處於一個崇尙武力的時代，向來以「中庸」思想著稱的中國文化，在此角逐場中明顯處於弱勢。要在這個競爭的世界中不被滅亡，就需要重新鑄造「民族精神」，輸入強健的種族觀念，改變柔弱的民族性格。

　　他們從學術和文化上提出「民族至上、國家至上」的理論，並沒有什麼強烈的政治野心或鮮明的政治色彩，所宣揚的思想與其說是有些人所指責的法西斯主義，不如說是較爲極端的「民族主義」思想。陳銓作爲「戰國策」派最爲活躍的人物之一，既是《戰國策》的主要執筆者，又是《民族文學》的主編，所發表的文章幾乎佔據了這些刊物的半壁江山。他宣揚的主要是尼采思想，希望輸入尼采的「強力思想」來改變中國民族長期形成的奴隸心理。處在民族危機之中的中國民族，需要的就是尼采的「主人道德」，需要的就是「民族自由」，甚至是能領導整個民族擺脫危機的具有超常能力的個人。這些思想，受到一些左翼人士大的猛烈攻擊，也帶來了《戰國策》及其「戰國策」派此後半個世紀備受冷落的命運。

　　無論是陳銓，還是林同濟、雷海宗，他們確實都是激進的民族主義者，甚至不惜以戰爭來改造自己的民族特性。但是，把「戰國策」派等同於法西斯，或者視作國民黨的政治幫兇，都與事實相距甚遠。他們宣揚「戰國時代」、「英雄崇拜」、「力」的理論，宣揚尼采的思想，完全是出於拯救民族危難的需要，是特定的歷史情境下的產物。他們更多的是一種知識份子式的單純的民族主義情懷，絕大部分成員並無政治野心，也並不是想利用民族主義來達到某種政治目的。陳銓一生都不願意做官，抗日戰爭前夕，國民政府行政院秘書長翁文灝曾推薦陳銓擔任政府要職，但被陳銓婉言謝絕。1937 年抗日戰爭爆發，蔣介石邀請國內知名人士到廬山座談，林同濟也在其中，可他一生都沒有加入任何政治團體。所以，這個激進的民族主義團體，某種程度上又可以說混雜著自由主義和保守主義的成份。

　　當然，並非說陳銓等人不關心政治，恰恰相反，正是因爲非常關心政治，才提出了種種主張。1941 年，陳銓發表《政治理想與理想政治》，明確希望人們要有「政治理想」，同時願意爲「理想政治」獻身，而且政治理想要崇高遠大，也要切實，因爲時代是不斷變化的，如果理想政治不能夠「現實化」，這種政治就會走入幻想化。不過，陳銓依然過於相信精神力量，他所依賴的還是「意志」，而單靠「意志」是不可能完成抗日大業的。顯然，陳銓他們都不是實際的政治人物，其「政治理想」也不大可能付諸現實，他們的種種政治理想說到底也只能是一種「書生論道」。

輯　五

智者的風範

一

　　記得二十多年前，我剛剛進入大學，一次偶然的機會接觸到錢鍾書的著作，一下子被它神奇的魅力所深深吸引，從此著意於搜尋有關錢鍾書的所有作品和資料。有一次，竟然在蘇州小巷深處的小書店裏，找到一本折過價的《舊文四篇》，標價僅一毛錢！也難怪，那時候「錢學」尚未成「學」，更沒有成爲如今這樣的「顯學」。雖說我浸淫於錢學研究，也寫了一些所謂的錢學論文，可我一直無緣親炙錢先生本人。很多年前，周振甫先生曾將一篇拙作送呈錢先生指正，錢先生曾賜函筆者，勸筆者「別求老師钜子之書而鑽仰之，」對他的著作「總以拋置勿閱爲大解脫，且可息事寧人」。可是對「錢學」的熱愛不僅讓我無法「別求」， 而且還把「錢鍾書研究」當作了自己的學術方向之一，不僅寫了一本簡明的錢氏傳記，而且以「錢鍾書與現代西學」爲題完成了博士論文。錢先生若地下有知，當視作人生又一「諷刺」也。

　　在綿延幾十年的文化生涯中，錢鍾書先生（1910～1998）貢獻了一批精妙絕倫的文學作品和戛戛獨造的學術著作，建立起恒久而深遠的學術秩序。世事的滄桑和風雨人生沒能阻斷錢鐘書文化生涯的綿延，相反，在學術文化上，錢鍾書一直保持著挺進的犀利鋒芒。用學術界的評論來介紹錢鍾書，幾乎可以得出相當令

人敬畏的印象。他精通英、法、德、拉丁等數種語言，既有深厚劄實的中國古典文化根基，又具備現代西方文化的廣博知識。早在半個多世紀前，吳宓教授就感慨：「自古人才難得，出類撥萃、卓爾不群的人才尤其不易得。當今文史方面的傑出人才，在老一輩中要推陳寅恪先生，在年輕一輩中要推錢鍾書，他們都是人中之龍，其餘如你我，不過爾爾！」鄭朝宗教授認爲，錢鍾書的著作使人「驚歎於他書卷子的豐富和才識的超群，頓生『叔度汪洋如千頃陂』之感」。舒展先生指出，「在學問方面，在文化思想史方面，在文藝鑒賞方面，在比較文學方面」，錢鍾書都有許多「超越一切中國前賢的創見」！

那麼，錢鍾書最傑出的學術貢獻體現在哪裡呢？

我以爲，錢鍾書最傑出的學術貢獻就在於，以他全部的著作，建立了一個獨特、深刻的闡釋世界，中西浩瀚、淹博的文化現象和文藝現象，在這一系統中交相生發，立體對話，凸現出其終極意義──中西共同的詩心、文心。

錢鍾書一向對建立某種理論體系的宏願頗不以爲然，認爲歷史本身總是「給我們的不透風、不漏水的嚴密理論系統搠上大大小小的窟窿」，思想史上「許多嚴密周全的哲學系統經不起歷史的推排消蝕，在整體上都已垮塌了」，「倒是詩、詞、筆記裏，小說、戲曲裏，乃至謠諺和訓詁裏，往往無意中三言兩語，說出了益人神智的精湛見解，含蘊著很新的藝術理論，值得我們重視和表彰。」因此，錢鍾書不再追求建立一套邏輯嚴密、範疇明確的理論體系，主張回到文化現象本身加以闡釋。另一方面，錢鍾書又認爲，在這個多元的世界上，文史哲各科彼此連系，自由組合，水乳交融，密不可分，「東海西海，心理攸同；南學北學，道術未裂。」在具

體的闡釋過程中，他以人類歷史文化傳統作為自己的闡釋物件，主張「以中國文學與外國文學打通，以中國詩文詞曲與小說打通」，「窮盡力氣，欲使小說、詩歌、戲曲，與哲學、歷史、社會學等為一家」，對這種文化現象「網羅理董，俾求全征獻」，「積小以明大，而又舉大以貫小；推末以至本，而又探本以窮末；交互往復，庶幾乎義解圓足而免於偏枯。」因此，在錢氏著作中，邏輯演繹結構已經消解，還原為鮮活、靈動、本然的文化現象，它囊括中西、穿越學科，重新建立起了在歷史空間中原本就存在的某種內在聯繫，現出深藏于中西文化背後共同的詩心或文心或日人類普遍的審美心理和文化心理。

錢鍾書曾自稱自己是「中國古典文學的研究者」，然而他的《管錐編》、《談藝錄》、《舊文四篇》等著作，樹義警拔超絕，論述橫掃六合，開拓萬古之心胸，推倒一時之豪傑，卓然自成一家，不僅被古典文學學者奉為圭臬，而且成為比較文學研究、文化思想史研究等領域的經典之作。在某種意義上，我們也可以說，錢鍾書的著作已不僅僅是普通的學術著作，而成為思想巨著。即以《管錐編》而論，從表面上看，它評騭了十部古籍：《周易正義》、《毛詩正義》、《左傳正義》、《史記會注考證》、《老子王弼注》、《列子張湛注》、《焦氏易林》、《楚辭洪興祖補注》、《太平廣記》和《全上古三代秦漢三國六朝文》，融經史子集於一爐，幾乎囊括中國文化的各個領域。而實質上，《管錐編》植根華夏，融化中西，或論史，或衡文，或點化，或評析，鉤玄提要，觸類旁通，察一於萬，又寓萬於一，在評注古籍的外衣下，孜孜以求地探究與抉發出人類的全部本性與思想觀念。他沒有西方哲學家那種邏輯演繹的體系構造，而是突破學與中西藩籬，將異時異地相統一的觀念，非

歷史性地捉置一處，推源溯流，探本求末，交互映照，從而達到對超時空的絕對觀念的契悟神通，進入對人類存在作意識形態反思的更高境界。正是由於在學術層面與思想層面上的無窮創見，《管錐編》才被譽爲「經天緯地的巨著」，錢鍾書才被譽爲「二十世紀中國最偉大的智者」！

在我的書房裏，掛著一幅字，是周振甫先生書贈的〈題錢默存先生《管錐編》〉。這是周先生作爲錢先生的摯友與責任編輯，在編就《管錐編》後寫下的一首詩，對錢著的概括與評價可謂切理饜心，不妨抄錄如下：

> 高文何綺數誰能，談藝今居最上層；
> 已探驪珠遊八極，更添神智耀千燈；
> 九州論學應難繼，異域憐才尚有朋；
> 試聽簫韶奏鳴鳳，起看華夏正新興。

二

錢鍾書的淹博才識，卓絕一代。但是如果以爲他的學識僅僅是依賴於他的過人天賦，而忽略了他後天的勤篤的苦修，則大謬矣！錢鍾書平生最大的愛好就是讀書。當年雄姿英發的他曾聲言要「橫掃清華圖書館」。當年他是否遍讀了清華圖書館，到底神交了多少古今中外的碩儒文豪，現在已無法確證，但是，清華圖書館銅座綠罩的臺燈前，錢鍾書那凝神讀書的身影，依然留在很多人心中。

文革期間，錢氏夫婦被流放到窮鄉僻壤的河南息縣農村勞動。一對耳順之年的恩愛夫妻，相濡以沫，形影不離，走過了近半個世紀，又過上了集中營式的男女宿舍的日子。一次，錢鍾書

聽說第一批遣送回京的老弱病殘人員名單中有他的名字，忙告訴楊絳，夫妻倆私心竊喜。可期待了好一陣，還是落空。送人返京，兩人又在菜園見面。楊絳指著看菜園的窩棚問：「給咱們這樣一個棚，咱們就住下，行嗎？」錢鍾書認真想了想說：「沒有書。」對錢鍾書來說，什麼物質享受，全都罷得，沒有了書，卻不好過日子。書，已經成為他生命中的一個有機組成部分。

關於錢鍾書的讀書有不少神奇的傳說，這些傳說倒也不全是空穴來風。他讀書速度極快，一本厚厚的非常難肯的古典哲學名著，別人需要幾個星期甚至一二個月才啃得了，他卻用不了幾天，而且徵引起來比誰都精當妥貼。他讀書從不用卡片，並且反對用卡片，主張憑大腦記憶，輔以適當的筆記。他讀書時常常在筆記本上隨手記下一些誰也不認識的符號。家裏藏書甚少，只有一些外文書籍和工具書。可凡經他流覽過的典籍，哪怕是野史筆記，他都過目不忘。這種超人的天賦，使得他往來于中西文化，遊刃有餘。僅《談藝錄》《管錐編》徵引典籍就上萬種！甚至引用了不少連西洋都早已湮沒無聞的作品。《談藝錄》中有的書名，周振甫先生在北京圖書館裏也查不到。

楊絳先生曾生動地描述了錢鍾書對書的鍾情，描述出於夫人之手，當然是比較可信的：「……他讀書還是出於喜好，只似饞嘴佬貪吃美食：食腸很大，不擇精粗，甜鹹雜進。極俗的書他也看得哈哈大笑。戲曲裏的插科打諢，他不僅且看且笑，還一再搬演，笑得打跌。精微深奧的哲學、美學、文藝理論等大部著作，他像小兒吃零食那樣吃了又吃，厚厚的書一本本漸次吃完。詩歌更是他喜好的讀物。重得拿不動的大字典、辭典、百科全書等，他不僅挨著字母逐條細讀，見了新版本，還不嫌其煩地把新條目增補

在舊書上。」據說，當年在幹校，錢鍾書工餘時間全都消磨在讀辭典看筆記上。那時他讀得最多的三本書是，《韋氏大辭典》、《四庫全書總目提要》和一部罕見的與寫作《管錐編》有關的中國古代辭書。老大的泥屋裏，他趴在炕沿上得空就讀，邊讀邊照老習慣裏裏外外挑筆病，天頭地角字縫行間寫滿了他的看法、見解。

　　錢鍾書認為，一個人只要多讀書，多比較，多思索，就能有自己的獨到見解。只有讀書讀到一定的程度，才能達到對現象「回過頭來另眼相看」的境界，這「正是黑格爾一再講的認識過程的重要轉捩點：對習慣事物增進了理解，由『識』轉而為『知』，從舊相知進而成真相知。」半個多世紀以來，錢鍾書對於黃卷青燈，總是一往情深，夙興以求，夜寐以思。他至今到底讀過多少書，根本就無法計數。單是《管錐編》中，就涉及英文、拉丁文、義大利文、法文、德文、西班牙文等文字的著作。對錢鍾書縱橫交錯、自明自律而又充滿張力的闡釋世界，我們可以從比較文學、文化人類學、宗教學、心理學、語言學、美學以至結構主義、現象學、闡釋學等等不同的視角加以透視，尋繹出大量寶貴的創見。這恐怕就不是一般的學術著作所能承擔得了的。正是依賴於廣博的涉獵和淹博的學識，錢鍾書才能不斷地積累由「識」到「知」的轉化，「積小以明大，而又舉大以貫小」，真積力久，手闢鴻蒙，道前人所未道，卓然而成一家之學。

三

　　如果錢鍾書只是學問家，只會讀書，做學問，那他就成不了智者，而僅僅是一位傑出的學者了。真正的智者，能超越於自己個體的利害得失，對整個社會始終懷有深切的關懷，始終不懈地

追尋著終極價值。錢鍾書在精研古今中外文史哲典籍的同時，從沒放棄對社會人生這部大書的閱讀。他的智者風範正體現在與祖國命運的息息相關，體現在對聲名利祿的淡泊處之，體現在他所獲致的一種「哲學的突破」。

錢鍾書曾自述，《談藝錄》「雖賞析之作，實憂患之書也」。當時正值兵荒馬亂的抗戰年代，他在藍田師院執教之餘，寫下一半的書稿。返滬養病，卻遇上海淪陷。錢鍾書「侍親率眷，兵罅偷生」，處在一種「憂天將壓，避地無之」的境況之中，於是「銷愁舒憤，述往思來」，以發憤著書的精神完成了全書。值得注意的是，《管錐編》產生於中華民族歷史上又一艱危時期，堪稱又一部「憂患之書」。在那萬馬齊喑的十年浩劫中，在歷史上中原逐鹿的蒼涼大地上，在幹校那低矮昏暗的棚屋裏，錢鍾書以深廣的憂憤和學術的良心，開始了他對歷史、人生和社會的反思。《管錐編》是一部關於社會人生的大書，它寫在社會人生的深處。一切虛實誠偽，是非曲直，悲劇喜劇，正劇鬧劇，其含義都在《管錐編》裏找到了注釋。它注釋了社會，注釋了歷史，注釋了人生，也注釋了現實。錢鍾書在歷史的沉默處發言，在歷史的喧囂處沉思，無論鑒古以明今，還是察今以知古，都不「隨世而輪轉」，事實是他唯一的依據，人格是他唯一的追求，真理是他唯一的歸宿。他以理性與良知的明燈，照亮了社會陰暗的迷途。孕育於黑暗中的巨著，凝聚著錢鍾書對祖國傳統文化的深厚情懷，體現了他「眷戀宗邦，生死以之，與為逋客，寧作累臣」的智者風範，顯示了作者「時日曷喪，清河可俟」的堅定信念。錢鍾書身上體現了中國知識份子的優秀部分與生俱來的品性：守住自己的精神園地，保持自己的個性尊嚴。在不易做到的情境中，錢鍾書做到了。

「大音希聲，大象無形」，絢爛之極而歸於平淡。儘管錢鍾書的聲譽蒸蒸日上，可錢鍾書本人卻總是息影謝事，對風湧而來的盛譽，退避三舍，猶恐不及。他淡泊自守，埋首學問，並不是標榜什麼「桃李不言，下自成蹊」，而是幾十年學理、學養和人生閱歷的磨煉，早已讓他對身外的一切漠然置之，視為累贅，有詩云：「雕疏親故添情重，落索身名免謗增」，只求杜門避囂，悠然於自己的學問境界。他曾說過，「大抵學問是荒江野老屋中二三素心人商量培養之事，朝市之顯學必成俗學。」這種對聲名的淡泊，正是錢鍾書智者風範最現實的證明。

柯靈先生曾在〈促膝閒話中書君〉一文中，精闢而深入地概括了錢鍾書先生的學識和風範：

> 錢氏的兩大精神支柱是淵博和睿智，二者互相滲透，互為羽翼，渾然一體，如影隨形。他博覽群書，古今中外，文史哲無所不窺，無所不精，睿智使他進得去，出得來，提得起，放得下，升堂入室，攬天下奇珍入我襟袍，神而化之，不蹈故常，絕傍前人，熔鑄為卓然一家的「錢學」。淵博使他站得高，望得遠，看得透，撒得開，靈心慧眼，明辨深思，熱愛人生而超然物外，洞達世情而不染一塵，水晶般透明與堅實，形成他立身處世的獨特風格。

我以為，柯靈先生已準確概括了錢鍾書智者風範的基本精神，但還應強調錢鍾書智者風範的中一重要標誌，即錢鍾書以其全部的著作所構建的深刻獨特的闡釋系統，在某種意義上已獲得了一種「哲學的突破」，即他對人類所處宇宙的本質闡明瞭一種理性的認識，而這種認識所達到的層次之高，則是從未有過的。它使人們對人類處境的本身以及人生的基本意義有了新的認識。儘

管錢鍾書所獲的「哲學的突破」還較爲溫和，但它有其特定的歷史淵源和清晰的發展脈絡。這種「哲學的突破」已經開始影響中國思想文化和各個方面，而且必將產生更爲深遠的影響。正是這種「哲學的突破」，使錢鍾書可以當之無愧地躋身於世界頂尖級文化大師的行列。

值得深思的是，錢鍾書是二十世紀中西文化衝突的大背景下，湧現出來的一大批學術巨人中的傑出代表，是二十世紀中國貢獻於世界文化的傑出智者，錢鍾書著作已經成爲世界文化的不朽經典。不能說前無古人，但是否是後無來者呢？在現在的教育體制、社會環境、文化背景下，二十一世紀的中國能還再產生「錢鍾書」？這是我們後一代人所面臨的問題。

無極而太極是爲道

　　前些日子，途經昆明，匆匆去尋訪當年西南聯大的舊址。面對松林隱映、落葉滿地的聯大舊址，不禁讓人浮想聯翩，無限神往。遙想戰火紛飛的年代，這兒一時聚集了多少俊彥英傑，湯用彤、馮友蘭、錢鍾書、葉公超、錢穆、朱自清、沈從文……，現代文化史上一個個閃亮的名字，都曾在這裏留下蹤跡；又有多少才人學子地山坡林間身系國難、埋首問學，在這裏孕育成長。在這些身影中，金岳霖先生頭戴呢帽，微仰著腦袋，深一腳淺一腳地走在聯大校舍土路上的形象格外引人注目。1995 年正好是金先生誕辰一百周年，似乎未見多少紀念文章，思之不禁有些悵然。

　　金岳霖先生（1896～1984）是我國著名的哲學家、邏輯學家，也是現代在國際上具有影響的少數幾位中國哲學家之一。1895 年生於長沙，1984 年在北京逝世。他早年在清華學堂讀書，1914 年到美國留學，1920 年獲哥倫比亞大學博士學位。以後又遊學於英國、德國、法國、義大利等國，1925 年回國。歷任清華大學教授、哲學系主任、文學院院長，中國社會科學院學部委員、一級研究員、哲學所副所長，中國邏輯學會會長等職。

　　金岳霖的著作看起來並不多，只有《邏輯》、《論道》、《知識論》在三部專著以及〈中國哲學〉等數十篇論文，可是要真正讀懂金岳霖並不是一件容易的事。他精通中國哲學與西方哲學，並且直追西方現代哲學和現代邏輯的最新進展。他七十萬字的巨著

《知識論》就屬於那種高技術的專業哲學，連馮友蘭先生都說花了兩個多月才讀完，「可是看不懂。」金岳霖在西方分析哲學的基礎上，結合他對中國傳統哲學的深刻理解，建立了以《邏輯》（方法論）、《論道》（本體論）、《知識論》（認識論）爲三大支柱的獨立的思想體系。他的思想體系在我國現代哲學家中，如果不說是最完整嚴密的，也是最完整嚴密的思想體系之一。早在三十年代，就有人譽他爲中國哲學界的「第一人」。以金岳霖對中國哲學和邏輯學的發展所作出的貢獻，可以說早已躋身於哲學大師的行列。

《邏輯》最初是金岳霖在清華、聯大擔任邏輯這門課時，寫下的講稿，一九三七年正式出版。他是中國第一個真正懂得並且引進現代邏輯學的人。他認爲，改造中國傳統哲學要從邏輯概念入手，哲學的發展取決於邏輯方法的發展。中國傳統哲學概念常常是一字多義，含混不清的。「中國哲學家沒有一種發達的認識論意識和邏輯意識」，中國哲學的突破必須以概念的邏輯爲基礎。也許正是基於這種思考，金岳霖選擇了邏輯作爲他哲學體系的突破口。他認爲對概念的精深分析也就是哲學，所以他的《邏輯》注重介紹西方演繹邏輯，並且最早把數理邏輯系統地介紹到了中國。他用精深嚴密的邏輯方法，使概念獲得確定的意義，一掃中國傳統哲學中概念意義歧多的弊病。

如果說《邏輯》還是以介紹西學爲主，那麼《論道》則已是結合中西、獨創已見，建立了以「道」爲核心和基礎的龐大而複雜的哲學體系。「道」是中國傳統哲學的基本範疇之一。金岳霖對它進行了改造和發揮，提出了所謂「式」與「能」（亦即西方哲學的形式與質料）的概念，「式」與「能」綜合而成的「道」，便成爲他哲學體系的基礎和最高範疇，成爲對宇宙世界的最高概括。

金岳霖以「道」爲核心和基礎的哲學體系，並不是對中國哲學史上任何哲學思想的簡單重複，而是吸收了西方哲學的內容和方法，注入了他自己的思想感情，貫徹了他所謂的中國哲學的「天人合一」的特色，提出了「無無能的式，無無式的能」、「式與能無所謂孰先孰後」、「個體的變動，理有固然，勢無必至」等許多精湛的命題。可以說，《論道》不僅體現了他多年來邏輯和哲學理論研究的成果，而且體現了他對「人生理想」和生活目標的寄託，這就是他稱爲「太極」的「至真、至善、至美、至如」的理想，「無極而太極是爲道」。

　　金岳霖另一部哲學巨著《知識論》，也完成於抗戰期間的西南聯大，初稿曾經在一次空襲警報中全部丟失，他沒有灰心，又花了幾年的心血，重新寫成了這部書，可直到一九八三年這部書才首次公開出版，所以他說「《知識論》是我花精力最多、時間最長的一本書」。整部《知識論》回答的主要問題就是：「知識究竟是什麼？」它的「主旨是以經驗之所得還治經驗」，在肯定感覺「化本然的現實爲所與」、「所與是客觀的呈現」的前提下，說明了「所謂知識，就是以抽自所與的意念還治所與」。其中心思想就是「以得自現實之道還治現實」。金岳霖在批判繼承前人研究成果的基礎上，對近代以來哲學認識論的基本問題，如感覺論、概念論、因果論、真理論等作了全面細緻的考察，繼承了休謨重視感覺經驗和羅素的邏輯分析方法，卓然而成一家綜合經驗和理性、二者並重的「實在主義知識論」。知識論的形成，是認識論歷史上的一個重大轉折，是當代科學哲學的先聲。當代西方科學哲學家波普爾、湯瑪斯‧庫恩等人的研究，直接承續了金岳霖和西方哲學界對知識論的研究成果，這也正是金岳霖《知識論》的深刻與先進之處。

體大思精的《知識論》在中國哲學發展史上是空前的，張岱年先生認為，把它與羅素、莫爾、桑塔耶那的認識論著作相比，至少是毫不遜色的。

值得注意的是，金岳霖的主要著作都完成於一九四九年以前，這以後金岳霖出於高昂的政治熱情曾多次對舊著進行過誠心誠意的自我批判，而且很快接受了馬克思主義哲學。一九五八年金岳霖訪問英國牛津大學時對哲學系教師作了一次講演，題目是「作為行動指南的哲學」，說自己原來是搞分析哲學的，後來發現馬克思主義可以救中國，就改變了自己的主張。遺憾的是，由於眾所周知的原因，金岳霖沒能再在這方面深入下去，本來以他對西方哲學的造詣，是不難在研究馬克思主義哲學方面作出創見的。

儘管金岳霖從事的是枯燥無味的哲學研究，可是當年在西南聯大，他卻是最有趣、最具情味的教授之一。據汪曾祺先生回憶，金先生的樣子有點怪，常年戴著一頂呢帽，進教室也不脫下。給新的一班學生上課，他的第一句話總是：「我的眼睛有毛病，不能摘帽子，並不是對你們不尊重，請原諒。」他的呢帽壓得比較低，腦袋總是微微仰著。他還養了一隻很大的鬥雞。這只雞能把脖子伸上來，和金先生一起吃飯。他到處搜羅大梨、大石榴，拿去和別的教授的孩子比賽，比輸了，就把梨或石榴送給小朋友，他再去買。到了晚年，他深居簡出。毛澤東曾經對他說：「你要接觸社會。」於是他就約了一個蹬三輪的，常常蹬他到王府井一帶轉幾圈。恐怕誰都不會想到，身邊這位東張西望的老人，竟是一位學問精深、為人天真的大哲學家！

現在知道金岳霖的人不能說多，能讀懂他著作的人當然更少。可是，名師出高徒，他的一些學生卻是鼎鼎有名。五十年代

初，金岳霖作思想檢討時提到他學術思想害了一些學生。他舉了三個人的名字：殷福生、王浩和沈有鼎。從另一方面說，他們就是得其真傳的得意門生。沈有鼎當年在聯大就是有名的「怪人」之一，常常有驚人之見。殷福生就是後來臺灣著名的自由主義哲學家殷海光。還有一個王浩，是知名的旅美哲學家，涉足英美學術重鎮近五十年，與西方當代哲學界的重要人物時相交往。今年五月剛剛在他紐約郊外的鄉間木屋中病逝。他一生都對西南聯大，對金岳霖、馮友蘭等前輩師長懷有深深的感激。也許有人知道金岳霖、殷海光、王浩等人的大名，可瞭解他們之間師生情誼的，恐怕就不多了。

薪火承傳，原本就是在歷史進程中默默完成的。

迎刃析疑如破竹

　　錢鍾書先生曾戲言，有的人寫起回憶錄來，想像力特別豐富。以周振甫先生一生在出版界、文化界的經歷而言，寫起回憶錄來不需要「想像」，也一定會十分精彩。可周先生在這方面是「惜墨如金」，更別說什麼「想像力」了。周先生很少談論自己，關於他一生的回憶性文字基本沒有。因此，周先生少年時代的事蹟幾乎杳不可尋。只知道他 1911 年 2 月出生於浙江平湖，1931 年 8 月進入無錫國學專修學校讀書，從當時著名的國學大師錢基博先生學習章學誠的《文史通義》，從此跨入社會，走上治學之路。

　　1932 年，上海開明書店招聘《辭通》的校對。當時開明書店的徐調孚先生寫信告訴了他這一消息。正在無錫國學專科學校讀書的周振甫，因為學費籌措不易，又擔心畢業後不易找工作，便準備試一試。那時的招聘倒也簡單，開明書店寄來了《老學庵筆記》讓他斷句。斷好句寄去，開明認為不錯，便同意錄用。這樣，周振甫無錫國專才讀了一年多，就在十月份肄業，進了開明書店擔任校對。由於沒能接受完整的正規教育，周振甫也就特別勤奮好學。他一邊工作，一邊讀書，把校對的過程，視作學習的過程。每校一本書，他也就把這本書鑽研得爛熟於心。那時開明書店出版了不少好書，都成了周振甫的高級課本。不僅如此，他還找來了大量的文史名著，潛心鑽研，擴大視野，充實自己。開明的那些年，周振甫究竟讀了多少書，恐怕他自己也記不清了。就這樣，

他硬是為自己今後的學術道路打下了紮實的基礎。可以說，他完全是「自學成才」。

1947 年，開明書店的當家人葉聖陶索到錢鍾書《談藝錄》手稿，準備列入《開明文史叢刊》之一印行。也許就是因為看中了周振甫的勤奮和紮實，書店把《談藝錄》的校對重任交給了周振甫。周振甫除了悉心讎正外，認為該書沒有目錄，不便檢閱，就為該書標立了目次，經錢鍾書同意，刊入書中。為此，錢鍾書十分感激，特地作了一首七律，題為《周振甫和秋懷韻、再用韻奉答、君時為余勘訂談藝錄》，以記其事。詩云：「伏處要要語草蟲，虛期金鎞健摩空。班荊欲賦來今雨，掃葉還承訂別風。臭味同岑真石友，詩篇織錦妙機工。只慚多好無成就，貽笑蘭陵五技窮。」

次年 6 月，《談藝錄》由開明書店首次出版。錢鍾書在送他的一本《談藝錄》上題辭：「校書者非如觀世音之具千手千眼不可。此作蒙振甫道兄讎勘，得免於大舛錯，拜賜多矣。七月一日翻檢一過後，正若干字，申論若干處，未敢謂毫髮無憾也。即過錄於此冊上，以貽振甫匡我之所未逮，幸甚幸甚。」兩人從此結下友情。值得一提的是，三十五年後，中華書局重出《談藝錄》的補訂本，又是由周振甫先生審定全稿，負責編輯。這不禁令錢鍾書先生「誦『印須我友』之句，欣慨交心矣。」在送給周先生的那本新版《談藝錄》上，錢先生又寫下了這樣的話：「此書訂正，實出振甫道兄督誘。余敬謝不敏，而君強聒不舍。余戲謂，諺云『烈女怕纏夫』者，非耶？識此以為他日乞分謗之券。愚弟錢鍾書題記，乙丑五月。」

1951 年 10 月，上海開明書店遷往北京，周先生隨之此上。1953 年 1 月，開明書店併入中國青年出版社，周先生也轉入中國

青年出版社文學編輯室。也就是在這段時間，周先生寫出了著名的《詩詞例話》，出版後一時洛陽紙貴、風靡全國，幾乎影響了整整一代的文學青年。1961 年，當時在中國青年出版社的工作比較清閒，周先生就想替出版社編《詩詞例話》。他的這一想法得到了文學編輯室主任章學新先生的支持。於是，他便利用手邊的《歷代詩話》、《歷代詩話續編》、《清詩話》以及《人間詞話》、《蕙風詞話》，開始了《詩詞例話》的寫作。

　　周先生認為，我國有許多古今傳頌、千錘百煉的名篇詩詞，如何提高我們的欣賞力，從這些名篇中取得借鑒，是我們在閱讀這些名篇時需要解決的問題，而詩話詞話正可以給我們以啓示。比如，詩話詞話裏修辭手法講得比較深細，洪邁《容齋詩話》裏講博喻，沈德潛《說詩晬語》裏講互文，王夫之《姜齋詩話》裏講反襯，對我們理解詩詞是很有幫助，而這些一般修辭書裏是不談的。不僅如此，詩話詞話中所講的內容，具有普遍性意義，不光對欣賞與寫作詩詞有幫助，而且可以通于其他文學樣式。比如仿效和點化，所談的內容就不限於詩詞，它同樣見之於其他體裁。有的是就前人的意境加以點化，使之更具體、更豐富、更生動；有的是集中概括前人的意思，使之更深刻、更尖銳、更凝練；有的是自己有意境，再別人所描繪的景物加以豐富；有的是借用前人作品的結構或個別詞句，內容和意境卻是全新的；有的是從不同風格不同體裁中借用個別內容，改造它的風格，納入新的體裁中。也正是出於這樣的考慮，周先生後來又推出了《詩詞例話》的姊妹篇《文章例話》、《小說例話》，將諸如此類的問題，細心抉剔出來，分成欣賞與閱讀、寫作、修辭、風格和文藝論幾大門類，結合大量具體鮮活的事例，詳加解說。尤為值得一說的是，儘管

周先生敍述話語樸素平實，可《例話》卻是精見疊出，大量具體詩詞、詩句的解讀，古典文論（有的是從極冷僻的著作中挖掘出來的）的解說，已然涉及了大量審美心理、接受美學、文本細讀等諸方面的問題，讓人在理性的思考中，又感受到審美的愉悅。《例話》系列不僅受到學界的高度讚譽，而且成為無數青年進入文學堂奧的階梯。

1979 年 8 月～10 月，《管錐編》一至四卷隆重推出，被世人譽為經天緯地的巨著。周先生再次出任《管錐編》的責任編輯。隨著《管錐編》的出版，周振甫先生與錢鍾書先生幾十年的學術情誼，也再次被傳為文壇佳話。當年，周先生在無錫國學專科學校時，曾受業於錢老先生，現在又與錢先生結下了深厚的友誼，這確實讓人津津樂道。錢鍾書先生十分珍惜這份情誼，他讓周先生採用自己的未刊手稿，就是很好的證明。當初周先生把《詩詞例話》增定稿送請錢先生指正。錢先生認為書中「形象思維」一節不足，遂親筆抄錄自己《馮注玉溪生詩集詮評》中論《錦瑟》詩的未刊稿，提供給周先生使用。錢先生的《馮注玉溪生詩集詮評》至今沒有面世，人們也只能通過周先生的著作略窺一二。據說，以錢先生博大精深的學術造詣，當今之世能與之對談之人，已經鳳毛麟角，而周先生就是其中之一。這從《管錐編》一百多字的短序中也能讀到點信息：「命筆之時，數請益於周君振甫，小叩輒發大鳴，實歸不負虛往，良朋嘉惠，並志簡端。」而周先生的確也稱得上是錢先生的知音。他在編就《管錐編》時，曾賦詩一首高度概括了《管錐編》的成就：「高文儷綺數誰能，談藝今居最上層。已探驪珠遊八極，更添神智耀千燈。九州論學應難繼，異域憐才倘有明。試聽簫韶奏鳴鳳，起看華夏正中興。」周先生

的名字已經與錢先生緊緊聯繫在一起，錢先生的巨著是不朽的，而《談藝錄》、《管錐編》背後的周先生，歷史也永遠不會忘記。可周先生從來沒有以此自傲，對錢先生始終懷有深深的敬意。他總是不遺餘力，在各種場合，以各種方式宣傳錢先生的著作，1992年還與人合著了四十餘萬字的《錢鍾書〈談藝錄〉讀本》，深受學界歡迎。現今「錢學」欣欣向榮，遍及海內外，周先生等人的初創之功實在應該記上一筆。

1984年，周先生又借調到人民文學出版社參加新版《魯迅全集》的注釋工作。說起這事，也跟錢先生有關。當時主管文化意識形態的胡喬木早就知道周先生的大名，卻不知道周先生的具體情況。一天，他在錢先生家中，看到錢先生《管錐編》中提到周先生的名字，便向錢先生打聽周先生現在何處。錢先生告以在中華書局。胡喬木說，林默涵正在主持《魯迅全集》的校注，可以介紹周先生參加。這樣，周先生參加到這項工作中來了。此後不久，《中國大百科全書 中國文學》卷「宋遼金文學」部分的負責人胡念貽先生去逝，這個沉重的工作擔子又落到周先生肩上。周先生不辱使命，圓滿完成了任務。

令人難以置信的是，周先生以七、八十歲的高齡，在如此忙碌的情況下，學術生命卻再創輝煌，學術成果噴湧而出。1983年和1991年，中國青年出版社先後出版了《文章例話》和《小說例話》。1989年，上海教育出版社出版了《文學風格例話》。至此，周先生獨創的「例話」著作形成系列，風行海內外。再加上1986年上海古籍出版社的《李商隱選集》、1991年浙江文藝出版社的《魯迅詩全編》、1991年中華書局的《周易譯注》、1994年中國文聯出版社的《中國文章學史》、1995年中國青年出版社的《一百

首愛國詩詞》以及此前的《文心雕龍注釋》、《中國修辭學史》等著作，總字數已達一百多萬字。

1987年9月9日，周振甫先生被授予「韜奮出版獎」，以表彰他所作出的傑出貢獻。這是迄今為止中國出版界的最高榮譽。

綜觀周振甫先生（1911～2000）一生的編輯道路與學術歷程，都與中國古典詩文結下了不解之緣。他以堅實的治學態度、廣博的學術涉獵，贏得了人們的尊敬，每有著述，即備受矚目。影響所及，直至海外。1982年6月，周先生曾應美國密西根大學東方語文學系林順夫教授之邀，赴美參加中國詩歌討論會。周先生《文心雕龍注釋》對《文心雕龍》的理論所作的評析，被譽為「近三十年詮釋《文心雕龍》的經典之作。」他的《詩詞例話》、《文章例話》、《小說例話》系列著作，循循善誘，被推舉為現代史上讀詩論文方面最為理想的自學讀本。錢先生1975年的《振甫追和秋懷韻再　酬之》也高度評價了周先生所取得的成就：「楊雲老不悔雕蟲，未假書空且叩空。迎刃析疑如破竹，擘流辨似欲分風。貧糧惠我荒年穀，利器推君善事工。一任師金笑剺狗，斯文大業炳無窮。」

我以為，周先生之所以獲得巨大的聲譽，其根本原因在於，他以其一百多萬字的著作，構建了一個獨具特色的中國古典詩文的評析系統。它以《詩詞例話》、《文章例話》、《小說例話》、《文學風格例話》等「例話」系列為核心，兼以理論專著的評析（《文心雕龍注釋》、《錢鍾書〈談藝錄〉讀本》）、具體作家的評析（《李商隱選集》、《魯迅詩全編》）、專題史的評析（《中國文章史》、《中國修辭史》）。「例話」系列既涵括了後者的某些內容，又以後者為基礎；後者既是「例話」系列的補充，又是「例話」系列的深化。

仔細考察一下周先生「例話」以外的著作，就會發現它們與「例話」系列有著精神上的高度一致。它們總是那麼深入淺出，駕輕就熟，引領讀者進入神奇的詩文世界。也許周先生當初並不是有意爲之，但周先生事實上的確構建了一個獨特的評析系統。這是周先生的最大貢獻，也是周先生著作的獨特價值。如果我們能以這樣一個評析系統爲背景，重讀周先生的著作，一定能獲得更多的啓示。

面向世界的對話者

當今中國，比較文學已經日益走向成熟，成爲人文科學研究一支不可忽視的力量，而且毫無愧色地成爲世界比較文學界一支重要力量。中國比較文學的崛起，不僅是八十年代以來國際比較文學界的最重要的事件，同時也使長期以來以西方爲重心的國際比較文學研究，真正具備了東西方合作對話的現實可能。這一切，都與一位傑出女性、著名學者的努力拚搏密不可分。她就是北京大學比較文學與文化研究所所長樂黛雲教授。很難說她是哪一「熱點」中的「熱點人物」，因爲大陸上的許多學界熱點都與她及其所領導的比較所聯繫在一起。在某種意義上說，北京大學比較文學與比較文化研究所執大陸比較文學界之牛耳，已成爲中國比較文學的學術重鎮和全國比較文學學者的聖地，在中國比較文學界已經具有了一種 Charisma 權威。樂黛雲教授是一位真正而持久的「焦點人物」。

樂黛雲，北京大學教授，北京大學比較文學與比較文化研究所所長，博士生導師、上海外國語大學顧問教授、東北師範大學、天津師範大學、廈門大學、南京大學兼職教授。現任國際比較文學學會副會長，歐洲跨文化研究院執行理事，中國比較文學學會會長，外國文學學會理事，北京作家協會理事等。這些與成就相伴隨的頭銜，對於大部分人來說，都是可望而不可及的，而樂黛雲教授這樣一位中國女性卻取得了成功，這無疑是十分難得的。

　　1931 年，樂黛雲出生於貴州。17 歲那年，她同時被幾所大學錄取。在母親的支持下，她隻身來到了京城，就讀於北京大學中文系。1952 年，21 歲的樂黛雲畢業留校，成為中文系最年輕的助教。在教務之餘，她師從著名的文學史家、中國現代文學研究泰斗王瑤先生，學習中國現代文學史。憑著年輕氣盛，她系統地讀了大量書籍，立志在當時尚處於初創階段的現代文學研究領域作出一番成就。然而不久，這一切被突然中止，她跟她的同輩人一樣，走出校園，重歸土地。等回到學校，已經失去了許多寶貴的時光。七十年代中期以後，北京大學招收了一批留學生。樂黛雲被分配去教留學生班。誰知就這三年的教學，改變了她後半生的生活，也續上了我國比較文學三十年幾乎中斷的血脈。

　　為了給外國留學生講好每一節課，她大膽突破了當時只能講「魯迅作品」、《金光大道》、「樣板戲」的單調枯燥模式，對留學生們講起了巴金、老舍、曹禺的作品。為了讓學生進一步瞭解中國現代作家的作品，樂黛雲先生不得不進一步探究西方文學與中國現代文學的關係，並進而系統研究二十世紀以來，西方文學在中國如何被借鑒和吸收，如何被誤解和被變形的演變歷程。比如，在接觸尼采的過程中，樂黛雲發現這位以「重估一切價值」震撼「五四」文壇的哲人，不僅備受魯迅、郭沫若、茅盾等人的喜愛，都翻譯過他的作品，而且在他們自己的作品中留下了深刻的影響。樂黛雲以她的學術敏感，覺得這一論題大有可為。儘管以前沒有人作過系統研究，她還是憑著自己的開創精神，查閱大量的資料，終於在一九八一年完成了《尼采與中國現代文學》。這是她的第一篇論文，卻成為中國比較文學研究的經典論文，至今還不斷被人推崇和稱引。也就是憑著這篇論文，樂黛雲從此開始了她

的比較文學之旅。

1981 年，受哈佛大學燕京學社的邀請，樂黛雲漂洋過海來到了美國，先後在哈佛大學訪問一年，在加州伯克利大學研究兩年。在美國期間，她多次應邀訪問英、法、德、意等國學校。在歐美的遊學，賦予她嶄新的視野和開闊的胸襟。她深深感到搞現代文學必須視野開闊，應從世界文學背景入手，突破傳統的方法。既要看到西方文學對中國現代文學的影響，更要把中國文學作爲世界文學中不可或缺的一部分來予以審視。她日益感受到振興中國比較文學不僅是文學本身的需要，而且是中國文化走向世界、世界瞭解中國文化的必然要求。一種振興中國比較文學的使命感，促使她放棄了國外的一切機會，回到了祖國。

1985 年 10 月，在老一輩學者的關心和支持下，文學界盼望已久的中國比較文學研究學會成立大會暨首屆國際比較文學學術會議終於在深圳隆重召開。來自世界各地的學者，達一百二十多人，國內有二十二所高校參加。國際比較文學學會會長以及美、法、香港等地比較文學會長等出席了會議，大會收到的論文達一百五十多篇。此前，樂黛雲先生已到深圳大學兼職並任中文系主任。在那裏，她不顧勞累與奔波，於當年即在深圳大學開設了中國第一個比較文學研究所。不久，北京大學比較文學研究所也宣告成立。中國比較文學進入了一個嶄新的階段。經過十幾年的努力，中國比較文學已經獲得了長足的發展，成爲世界比較文學界的中堅力量。全國已有一百二十多所高校開設了比較文學課程；三十餘所高校招收比較文學或比較文學方向的碩士生；第一個比較文學博士點和博士後流動站也在北京大學比較文學與比較文化研究所設立。

　　與此同時，樂黛雲教授及其所領導的比較所，成為中西對話的重要媒介。西方學術界的先鋒思想，從結構主義、後現代主義到後殖民、第三世界批評等等，往往最先都是經過他們而引入中國。外國媒體評價說，在八十、九十年代的開放中國，樂黛雲教授成為知識界新解放運動的領袖人物之一。通過她所領導的比較所，中國知識界得以尋求二十世紀中國思想與文學在國際大背景中的位置。

　　這種地位的獲得並不是偶然，而是建立在他們大量、紮實的研究工作之上。他們一步一個腳印，將中國比較文學穩步推向深入。樂黛雲教授所撰寫和主編的著作，幾乎都產生了很大的反響，成為中國比較文學研究的經典之作。她不僅自己著有《比較文學原理》、《比較文學與中國現代文學》、《中國現代小說中的知識份子》（英文版）、《面向風暴》（英文、德文、日文版）等著作，還主編了《獨角獸與龍》、《世界詩學大辭典》、《中西比較文學教程》、《西方文藝思潮與中國現代文學》、《超學科比較文學研究》、《欲望與幻象》、《北京大學比較文學叢書》、《中國文學在國外叢書》、《中外文化比較叢書》、《海外中國博士文叢》、《跨文化溝通個案研究叢書》等。此外，還編譯了《英語世界的魯迅研究》、《當代英語世界魯迅研究》等。

　　樂黛雲教授在西方文藝思潮與中國現代文學關係方面的精湛研究是眾所周知的，她在這一領域所取得的成就，早已成為後來者無法繞開的學術標高。隨著研究的深入，樂黛雲教授的研究領域也在不斷地拓展。近年來，她和她所領導的比較所除了繼續推進中國比較文學學科建設之外，主要著力於兩方面的研究。一是東西方詩學的比較研究；二是由比較文學躍升為跨文化背景下的

比較文化研究。

在比較文學中，理論從來就不是比較文學研究的附庸，如何在中西詩學對話中發展出具有普遍意義的理論一直是樂黛雲教授思考的問題。她指出，對不同民族文化和文學理論的研究最容易把比較文學學者凝聚在一起並進行有效的對話。當代詩學在比較文學中佔有著核心的地位。現代意義的詩學是指有關文學本身的、在抽象層面上展開的理義研究。它所研究的是文學文本的模式和程式，以及文學意義（文學性）如何通過這些模式和程式而產生。它應提供一整套能說明所有文學作品的共同性和差異性，以及判明其歷史地位的原則和方法。它不僅研究文學所反映的一定的文化歷史內容，而且更重要的是研究特定的歷史文化內容如何在作品中得到反映，即如何被形式化。在這裏，更重要的是形式的運作，包括形式、技巧的使用和轉化，以及在不同時代、不同文化體系中文化意義產生的不同方式和程式（〈比較文學的國際性和民族性〉）。比較詩學在中國曾經走過彎路，而現在從西方和中國的理論中各取一個片斷進行比附的做法以及把雙方完全對立的思維方式已被超越。大家感到最為急迫的是如何在中西詩學之間建立話語仲介，使雙方都能以自己的面目平等對話。

基於此，樂黛雲教授窮數年之力，集中了當今大陸學界的一批精英人物，撰寫了一部煌煌一百七十餘萬言的《世界詩學大辭典》，第一次對中國、印度、阿拉伯、日本、歐美五個地區文化體系的詩學術語、概念、範疇和命題進行了整理和彙集，期望既能尊重各文化體系傳統的思維方式，又能利用當代社會科學與人文科學的知識，對之進行必要的考察與詮釋；既能保存原有詩學的特色，又能在匯通與類比中達到相互生髮的目的。《大辭典》問世

後的熱烈反響，已經證明瞭它的成功。它有力地說明了，中國傳統詩學不會淹沒於西方話語中，西方話語也不可能取代中國傳統詩學的獨特話語。傳統詩學需要我們用新的閱讀視野加以重新闡釋，以實現創造性的轉化。而新的視野的形成來自於中西詩學互為主體的長期對話。在中西詩學雙向互動的闡釋循環中，傳統詩學得到不斷的提升，成為具有普遍意義的鮮活的現代理論。

樂黛雲教授的研究，進一步昭示了當代詩學進一步發展所面臨的問題，就是如何總結世界各民族文化長期積累的經驗和理論，從不同角度來解決人類在文學方面所碰到的問題。在各民族詩學交流、接近、論辯和相互滲透的過程中，無疑將熔鑄出一批新概念、新範疇和新命題。這些新的概念、範疇和命題，不僅將在東西匯合、古今貫通基礎上，使詩學作為一門理論科學，進入真正世界性和現代性的新階段，而且在相互比照中，也會進一步顯示各民族詩學的真面目、真價值和真精神（〈世界詩學大辭典‧序〉）。

七十年代以來，世界比較文學表現出兩大趨勢：一是從歐洲中心主義向多元化、全球化和非殖民化發展；二是從文學研究向文化研究發展。不少學者認為，從世界的範圍看，比較文學走向比較文化是大勢所趨，世界人文科學的發展正經歷著新的一次科際整合，大的文化語境已經形成，對於文學的文化意義的追求才能使比較文學的跨文化研究的價值得以體現。有人認為，跨文化是以文化研究深化比較文學的一條坦途，跨越文化這「第三堵牆」，創建中國比較文學學科理論和學派，是推動全球比較文學戰略性轉變的重大問題。

樂黛雲教授在她和歐洲跨文化研究院負責人勒比雄共同主編

的《獨角獸與龍 —— 在尋找中西文化普遍性中的誤讀》（該書是歐
洲跨文化研究院與北大比較所聯合舉辦的「文化誤讀」討論會上
的論文彙編）中，在〈文化差異與文化誤讀〉、〈比較文學的國際
性和民族性〉、〈世紀轉折時期關於比較文學的幾點思考〉等論文
中，在「文化對話與文化誤讀」、「中西文化對話中的差異與共存」
等國際研討會上，樂黛雲教授早已將研究重心轉向了比較文化和
比較文學的後殖民化問題，對比較文學的文化轉向和後殖民時代
的比較文學研究，進行了廣泛的論述，提出了綱領性的意見，再
次顯示了她執大陸比較文學界之牛耳的學術敏感與宏闊視野。

　　應該說，比較文學的文化轉向與後殖民時代的比較文學研
究，兩者是二而一，一而二，密不可分的。後殖民時代意味著一
種嶄新的全球語境，這種語境下的比較文學與比較文化研究也就
具有不同於以往的意義。它所面臨的最突出、也是最重要的問題，
就是在後殖民的全球語境下，如何對待自身的傳統文化的問題，
如何以後殖民時期的本土傳統文化發展比較文學。在殖民時代，
大部分的西方概念和觀念，包括自由、民主、人權等，都是西方
爲了自身的利益而強加於他者的意識形態框架之中。而今天的東
西方文化的接觸，只能是和過去完全不同的，以互補、互識、互
用爲原則的雙向自願交流。這種交流正是後殖民時代比較文學的
新的國際性的基礎。

　　與此相關，還有兩個重要問題需要思考，其一是如何理解傳
統文化，用什麼樣的傳統文化去和世界交流？其二是如何交流，
通過什麼方式交流？ 樂黛雲教授認爲，我們所說的文化並不等
於已經鑄就的、一成不變的「文化的陳跡」，而是在永不停息的時
間之流中，不斷以當代意識對過去已成的「文化既成之物」加以

新的解釋，賦予新的含義。文化是一種不斷發展、永遠正在形成的「將成之物」。因此，我們用以和世界交流的，應是經過當代意識詮釋的、現代化的、能為現代世界所理解並在與世界的交流中不斷變化和完善的中國文化。在交流方式和交流話語上，總是存在著文化差異性，存在著選擇、誤讀、過度詮釋等變形，歷史上任何文化對他種文化的吸收和受益，都是通過這樣的形式才得實現。這裏的交流話語，既是自己的，又是已在對方的文化場中經過了某種變形的交流話語。

樂黛雲教授一再強調，我們應該擺脫東西方二元對立的既定思維模式，從全球化的新角度看問題，無論某一理論出自何方，只要它合理、人用，能解決實際問題，就可以採納利用。那種排斥西方影響，執迷於重返本土的「文化部落主義」，不僅在理論上不可取，而且在實踐上還可能成為「文化戰爭」的根源，威脅人類未來的發展。另一方面，在後殖民狀況下，多元文化的發展必然會帶來民族文化的新的繁榮。這就使非西方民族有可能用現代眼光來重新審視自己的傳統文化，加以新的闡釋，使之為其他民族所理解，對人類發展作出貢獻(〈比較文學的國際性和民族性〉)。

事實也正是如此，人類只有在平等友好的環境裏相處與對話，才能實現真正的文化交流。尤其是全球資訊化社會的來臨，各種文化體系的接觸日益頻繁。西方發達世界進入後工業社會，急於尋找他種文化參照系以反觀自身；東方社會的急劇發展，逐漸擺脫過去的過緣地位，急於更新自己的文化，在現代語境中重新發現自己；東西方文化將在二十一世紀進入一個全新的階段。但是由於各民族的文化、歷史和社會背景不同，對話中難免有誤讀，甚至發生文化衝突的現象。如何正確看待和處理好文化差異

性和文化誤讀問題，已成為當代國際文化交流中的重要課題，也成為世紀之交比較文學發展所面臨的重大挑戰和肩負的重任。

　　前美國比較文學學會會長伯恩海默教授指出，「目前文學研究中的進步潮流所導致的多文化的、全球的、跨學科的傾向本質上是帶有比較特徵的」(《多元文化時代的比較文學》)。樂黛雲教授也指出，「比較文學的真正意義就在於跨文化、跨學科，沖決一切人為的、曾經是神聖不可侵犯的界限，在多元文化的語境中重新認識自己，在各種邊緣的重疊交合之中，在不同文化的人們的視野融合的基礎上，尋求新的起點，創造新的未來。」(〈世紀轉折時期關於比較文學的幾點思考〉)我們有理由相信，在樂黛雲教授的領導下，在這世紀之交的文化轉折時期，中國的比較文學界將會迎來更為光輝的未來。

文化旅人

　　當初余秋雨先生埋首書齋，潛心著述《戲劇理論史稿》、《戲劇審美心理學》、《藝術創造工程》等鴻篇大著時，他肯定沒有想成為什麼焦點人物，可不知不覺還是在學術圈中激起了陣陣的反響，成為大陸學術界真正的焦點人物；如果不是那本《文化苦旅》，余秋雨教授還只是學術圈中的焦點；可是1992年《文化苦旅》出版，他的聲名就越出了學術圈，幾乎名播天下，已然成為整個文壇的焦點。看來，所謂焦點不是什麼人想得就得到的，也不是想讓就讓得了的。一個人成為焦點，並不在乎他是學者，還是作家，是寫論文，還是散文，關鍵還於他所擁有的對世界超人的感知力，在於他獨特的思維方式與思想觀念。這不是常人所能擁有的，所以「焦點」註定會成為「焦點」。

　　余秋雨先生的履歷頗為簡單。他1946年出生於浙江餘姚。這個不太富有卻有著深厚文化傳統的城市，曾經產生過王陽明、黃宗羲、嚴子陵、朱舜水等響亮的名字。12歲時，余秋雨離開家鄉來到上海求學。從此投入都市，投入無限。茫茫人流，芸芸眾生，吞吐著日出日落的自然轉換。在上海晉元中學讀書時，他就以出色的學業名列前茅。在該校兩年前九十校慶時，他與丁關根、翁史烈等人一起列入該校的英才榜。當年余秋雨完全可能考入任何一所名牌大學，但他偏偏選中了上海戲劇學院戲劇文學系，並以優秀的成績留校任教。後來還一度任上海戲劇學院院長。主要著

作有《戲劇理論史稿》、《戲劇審美心理學》、《中國戲劇文化史述》、《藝術創造工程》、《文化苦旅》、《文明的碎片》等。曾獲首屆戲劇理論著作獎，上海市哲學社會科學著作獎。

　　二十年前，余秋雨曾有過一次長達數年之久的閉門讀書的經歷。當時「文革」結束不久，文化界百廢等待興。大家都企盼著民族精神的復興，可都難以一下子跳出「文革」的思維羈絆。為了尋得新的也是更高的起點，他制定了一套讀書計畫，開始系統研讀從古希臘羅馬到當代偉大思想家的經典著作。余秋雨的專業是戲劇，首選的著作自然離不開戲劇。當時亞裏斯多德的著作尚未完整譯介過來。他從上海圖書館借來了英文本的亞裏斯多德的著作，憑著自己的英文能力，硬是按時代先後，一本本一字字地慢慢啃，一邊啃，一邊做筆記。1981年讀完後，他感到自己仿佛重又上了一次大學。此後幾年，他又系統研讀了狄德羅、康得、黑格爾，漸漸發現大師們關於戲劇的理論還僅僅是表層的東西，更為深層的是大師們對文化與人生的深刻思考。這一發現使他感到了自己的淺薄，感到了心靈的震撼。他對文化與人生的感悟也產生了脫胎換骨的變化。

　　通過幾年的自學，余秋雨回過頭來看戲劇，感覺不一樣了。他感到戲劇領域關注的問題太局限、太瑣碎了，整個民族需要補課，自己可以在這方面有所作為。於是，他就在閱讀筆記的基礎上，整理出了一部通述世界二千年來大師們見解的65萬字的大著《戲劇理論史稿》，想不到出版後竟獲了全國大獎。十年之後，又獲得了全國優秀教材一等獎。屢屢獲獎並沒有讓余秋雨沾沾自喜，相反卻促使他更多地更深入地思考書中已經論述到的大量理論問題。他發現《戲劇理論史稿》的最大缺憾是只寫到十九世紀，

基本上屬於古典戲劇理論的史述，而戲劇理論在二十世紀發生了巨大的變化，戲劇理論的重心已經轉向審美心理學。這對他來說是個完全陌生的領域。於是，他又花了二、三年的時間時間閱讀有關的書籍，研究心理學，研究美學，還帶學生一起作心理調查。閱讀和調查的結果就是寫成了《審美心理學》一書。它從觀眾的角度來考慮戲劇美學問題。一旦轉換了考慮問題的視角，戲劇理論也就發生了質的變化。戲劇之美存在於觀眾的心理波動中，觀眾在看戲時發出的笑與淚，都是審美心理的起伏變化。《審美心理學》也就由此接上了 20 世紀的發展脈絡。

余秋雨從這裏又發現了自己的重大缺陷。個體審美心理並不重要，真正重要的是一個民族的群體心理問題，他開始從文化人類學的角度來研究中國的戲劇文化。泰勒說，一部文化史就是人們的心理史。大多數的中國人並沒有學過法律，包公戲中虛擬的法制卻影響中國人的心理，許多人的法制意識是從戲裏獲得的。通過對戲劇文化的大量調查，余秋雨思考了另一個問題，即在戲劇史上評價很高的作品由於沒有很多的上演機會，在觀眾心理上的重要地位和那些演過千百次的戲劇相比較，兩者對整個民族文化的影響不可同日而語。比如《桃花扇 》、《長生殿》，由於折數太多，無法演全，大多數老百姓並不熟悉。而老百姓看得最多且廣受歡迎的戲，卻是《孟姜女》、《珍珠塔》之類，這從文化人類學的角度來看更有價值。但是，考察中國人的這種心理定勢，瞭解中國的傳統態度，會不會助長保守傾向，挫傷創新精神？這個疑問又促使他寫成了《中國文化史述》和《藝術創造工程》。這兩部書稿標誌著他從戲劇理論研究開始向人類文化學轉移，他開始把注意力投向中國文化人格史的研究。

　　余秋雨自己也曾經說過，每當一個題目經思考有所結論時，總是又立即發現嚴重的缺憾，因此又發現新的課題，促成新的寫作。而這一切歸結到一點，引發了他對文化藝術整體態度的思考。另外，文化遭受災難，也激發了他的文化良知和文化使命感，要為文化尋求保護。作為一個文化人在民族文化受到這麼長時間摧殘時，應做些什麼修補工作。現在的文化研究越來越深越來越好，許多問題被提出，思考的範圍也廣了，可以在許多問題上進行再思考。關於戲劇，余秋雨覺得自己已講得太多，想作一個告別性的總結，這就是他近年在戲劇界引起廣泛反響的幾篇論文：論中國戲劇的最高範型；論中國戲劇的世俗形式；論中國戲劇的原始形態。此外還有一篇論 20 世紀世界戲劇思想的根本性轉折的大作〈從戲劇哲學到戲劇人類學〉。余秋雨明確宣佈：「我作為戲劇學者至此告一段落，今後將集中於文化人格的研究。」

　　余秋雨文化人格研究的最新成果就是引起轟動、至今仍譽聲不絕的大散文《文化苦旅》與《山居筆記》。歷時 7 年之久的《文化苦旅》和《山居筆記》，是余秋雨又一次人生和學術的大轉移。它們不但是對社會歷史的一次整體反思，更是對自我的一次整體超越。他長年治學修煉出來的學術積累，恰恰成為他文化超越的思想資源與理性基礎。先天資質和後天條件的獨特組合，使余秋雨經常能夠發人所未發，見人所未見，以獨特的宏觀思路認識世界，以余氏思想穿透其間。但是，僅僅有學術積累和理性基礎還是不夠的，關鍵還要有一個思想的觸發點，能讓他有機會將他對文化的思索表達出來。這個觸發點就是萬里之行。理性的文化思索與實際的萬里之行，造就了余秋雨獨特的文化之旅。在某種意義上說，余秋雨的成功正緣於此。

余秋雨是個獨行者。這幾年的行行止止，走的地方實在不少，而他去得最多的地方，總是古代文化和文人留下較深腳印的地方。他喜愛山水，但是他心底的山水並不完全是自然山水，而是一種「人文山水」。這是中國歷史文化悠久的魅力和它對他的長期薰染造成的。他說：「我站在古人一定站過的那些方位上，用與先輩差不多的黑眼珠打量著很少會有變化的自然景觀，靜聽著與千百年前沒有絲毫差別的風聲鳥聲，心想，在我居留的大城市有很多貯存古籍的圖書館，講授古文化的大學，而中國文化的真實步履卻落在這山重水複，莽莽蒼蒼的大地上。……就在這看似平常的佇立瞬間，人、歷史、自然渾沌地交融在一起了。」「讀萬卷書，行萬里路」是成就大文化人的重要條件之一。中國歷史上的大文化人，如司馬遷、李白等都是讀萬卷書，行萬裏路的典範。外國的文化人如法國的梅里美既寫小說又考古，老了還坐在馬背上四處漂泊，常常不知今夕宿何處。過去一百多年，中國一直兵荒馬亂，戰火頻仍，加上交通不便，中國學者很少有機會進行文化考察，而到了現在身處和平時期，交通發達，則為文化考察提供了最佳時機。余秋雨認為，「文化人必須進入文化現場，並且融化自己的靈魂於其間，才可能成為一個真正的文化人，才能憑藉文學之筆帶動讀者進入另一階段的人心現場，將自己所悟到的所想到的轉化為一篇篇翔實豐富的文學記錄。這樣的文學作品才可能贏得更多的讀者的關注。」這或許就是《文化苦旅》和《山居筆記》熱銷不衰的真正原因。

《文化苦旅》的責任編輯曾經說過：我們可以把《文化苦旅》看作是一次特殊的文化實驗。所謂「苦旅」，不是普通老百姓乘車難一類的旅途勞頓之苦，面是一個文化人，從民族歷史文化深處

品嚼出的深深苦味，是那種念天地之悠悠，獨愴然而涕下的苦味。這種帶有對自我整體超越的實驗，需要感動。這種思考的必然輸出和形式的偶然相遇，形成了余秋雨散文的文化特質。他忌諱重複，他認爲重複就是平庸。寧可放棄，也不平庸。這是他做人爲文的原則。他的嚴謹而又認真的創作態度，恰好與現代人追求生活的品質是以靈魂的充實作爲前提的基點相交。他的散文能引起轟動，再一次證明了人們內心的文化自覺和對文化所留有的尊敬依然如故。臺灣著名詩人余光中先生認爲，余秋雨「把知性融入感性，舉重若輕，衣袂飄然走過了他的《文化苦旅》」，這評價深得其真髓。同樣，在《山居筆記》中，我們也可以從作者透視歷史的文化感悟中感受到一種人文精神的道德激情，因爲它同樣是對人類生存意義和自身命運的理解和把握，是對人類痛苦與解脫的思考與探索。讀完他的散文，真的有一種余秋雨所希望的「苦澀後的回味，焦灼後的會心，冥思後的放鬆，蒼老後的年輕。」余秋雨用他生命的體驗和思辨的語言創造出的華美篇章，引得無數生命爲之激動。理性的思考和感性的生命體驗相融合，才是真正打動人心的奧秘所在。而理性和感性相融洽的語言負載著思想的重量，把現代散文推向了一流。

　　余秋雨十分講究文化行爲的有效性，很在乎讀者看不看他的文章。他自定的原則是：面對讀者，背對文壇；要讀者的熱鬧，而不要文壇、評論界的喧嘩。他毫不諱言，創作除了堅持思想的意義之外，還必須追求轟動。如果思想不賦予其最好的表達形式，思想仍舊只是空中樓閣，難以作用於社會、人生，歷史價值更無從談起。思想和形式的完美結合，是造成轟動的前提。當我們放下架子，以一種平等的姿態，以一種較爲放鬆的形式，表達我們

的思考時，才有可能獲得其他生命的回音。只有生命與生命的對話和交流，才是社會本質的交流。他說，「所謂文化就是一種對空間和時間負責的行為。而身為文化人在這方面應努力地對這個世界提供真實而道義的作品。」

身為一個國家級專家，一個極負盛名的藝術理論和文化史研究專家，余秋雨無疑屬於名流。但在喧囂的藝術界，他卻是難得的自甘寂寞。他做過一陣上海戲劇學院的院長，可繁重的行政事務，令他招架不住，還是主動辭職了事。有一陣子，文化界盛傳他將出任文化部長，或上海市副市長，還有他與哪位漂亮的女明星成了情人之類的傳言。問他，他說除了最後一種傳言聽了令人愉快外，前兩種連想一想都讓人心驚肉跳。他看重的是個人的自由和健全，而非堂皇的名利。即使是他聞名遐邇的「苦旅」，他也是獨自一人雲遊四方。帶著簡單的行李，白天在山水苦跡間沉思，晚是在旅館裏寫下所見所思所感。這在熱鬧的文壇，也算是比較獨特的行事風格了。他曾說過：「非藝術的力量是吞噬不了藝術家的獨立人格的，哪怕批判、坐牢；但藝術圈子裏的人際關係卻足以吞噬許多藝術家的獨立人格，使他們為一種潮流，一種流言，一種不好撕破面子的網路，一種無聊而又抑制不住的互相攀比活著。結果，藝術界熱鬧了，而藝術卻寂寞了。」

現在的余秋雨教授早已不是純粹學院式的學者，而成為一名真正的文化旅人。他曾多次談到文化人的使命和他的文化態度。他認為學者可以有各種治學方式和人生方位，只要對文化建設有利，都有其合理性。現代學者除了對舊的文化模式或不合理的運行機制予以批評的同時，更應有可行的建設性意見的產生。他認為，建設性意見需建立在考察和實踐的基礎上。他深感遺憾的是，

我國文化界長期缺少具有宏觀思維背景的實證意識和實驗行爲。我們有的是大量形而上的評判和思辨，也有大量的文化操作，但這兩個層面常常處於遊離狀態。理性思辨基本上沒有作用於這塊土地上實際發生的文化行爲。這種情況到了現代社會必須改變。因爲，人類歷史上每次社會文化大轉型都將伴隨著一些具有宏觀意義的實驗行爲，社會大眾往往不是從深奧的學理，而是通過顯而易見而又震憾人心的文化實績來接受轉型的。也許正是出於這樣的思考，余秋雨身體力行，出任廣州、深圳、寧波等城市的文化顧問和各級文化決策機構的諮詢委員，實踐著他所強調的文化對現實的參與。這本身也就證明了余秋雨作爲一個智慧型、文化型的現代學者的價值。

余秋雨把一年 12 個月分成三部分：4 個月居住在上海，一方面著書教書，一方面任上海市委策劃諮詢專家；4 個月在深圳，他是深圳市政府的文化顧問；另外 4 個月則是外出旅行，進行文化考察。據說，他的下兩個目標是湘西和安徽。去湘西是爲了考察中國民間文化中很重要的組成部分 —— 草澤文化；去安徽則是考察徽商。晉商、徽商代表中國文化史上的兩種人格力量，兩種不同的群體人格。他們有何不同？是如何興起和敗落的？只有到了現場才能取得真實的感覺，才能透視現象發掘本質。這些年余秋雨除了進行文化考察、文化思考和文化實驗之外，還在撰寫《上海文明史》和《中國藝術史》，這是幾年前接受的任務。經過長時間的思考，他決定以圖片爲主，來表述自己的有關思考，同時也是爲擁有更多的海內外讀者，達致最大的文化有效性。只是目前在圖文安排和表述結構上還沒有完全確定，估計完稿尚需一段時日。

　　余秋雨在《文化苦旅》的《前言》中的一段話，我以爲不僅解釋了他「文化之旅」的最初動因，而且也最好地概括了他「文化思考」與「文化實驗」的根本目的。我想以此作爲本文的結尾：

　　我們這些人，爲什麼稍稍做點學問就變得如此單調窘迫了呢？如果每宗學問的弘揚都要以生命的枯萎爲代價，那麼世間學問的最終目的又是爲了什麼呢？如果輝煌的知識文明總是給人們帶來如此沉重的身心負擔，那麼再過千百年，人類不就要被自己創造的精神成果壓得喘不過氣來？如果精神和體魄總是矛盾，深邃和青春總是無緣，學識和遊戲總是對立，那麼何時才能問津人類自古至今一直苦苦企盼的自身健全？

和天使一起飛翔

1996 年 12 月 13 日凌晨，中國現代戲劇大師曹禺走了，沒有痛苦，沒有牽掛，沒有恐懼，安詳地睡去。他沒有和誰告別，死亡悄無聲息地把他的生命之火吹滅。

曹禺是中國新文化運動的開拓者之一，著名戲劇大師，中國話劇奠基人之一。自 1934 年以來，曹禺先後創作了《雷雨》、《日出》、《原野》、《北京人》、《家》等劇作，從而奠定了他在中國現代文學史、現代戲劇史上的重要地位。他的戲劇強烈集中地表達了「五四」新文學主題，以個性解放的力量，衝擊了中國傳統社會中某些陳腐的價值觀念，並以《雷雨》、《日出》、《北京人》為代表，在中國現代文學史上樹立了一座豐碑。他發展了我國悲劇藝術，進一步開拓了悲劇文學的表現領域，為悲劇創作提供了典範；他高度的戲劇文學成就，標誌著我國現代話劇文學樣式的成熟，奠定了話劇文學樣式在中國的地位。

進入八十年代，對曹禺的研究達到空前的高潮，掀起了一股「曹禺熱」。他的一些舊作如《雷雨》、《日出》、《北京人》、《家》，又紛紛登上了話劇舞臺。被冷落壓抑了數十年的《原野》，也重新搬上了舞臺，還被著名導演凌子搬上了銀幕，形成不大不小的「《原野》熱」。繼《原野》之後，《雷雨》和《日出》也相繼改編為電影。電影《雷雨》，是由著名演員孫道臨親自改編、導演、主演的。《日出》則是由曹禺和他的女兒萬方聯手改編的。由於《日出》

改編的成功，獲得了當年的電影「金雞獎」。這在電影界、戲劇界、文學界都產生了廣泛的影響。在海外，曹禺的影響也在不斷擴展。早在六、七十年代，香港就舉辦過「曹禺戲劇節」，1986 年中國青年藝術劇院赴港演出《原野》，獲得了巨大成功。在歐美一些國家，曹禺的劇作屢有演出。在日本，曹禺的劇作更是獲得了廣泛的知音。日本曹禺戲劇的研究專家佐滕一郎認爲，曹禺是「近代話劇的確立者和集大成者」，他那來自于中國文學傳統的造型力量，形成了獨特的「曹禺的現實主義」。這一切，都不能不使人嘆服：曹禺是中國的，也是世界的。

作爲全國文聯的執行主席、劇協主席，他心繫文藝界的大事小事；作爲人民藝術劇院院長，他關心每一個新戲的排演。只要身體狀況允許，他便親臨現場，給人們以鼓勵。他的話劇作品不斷被改編成電影、電視，他總是對改編者說：「放手去改，你們很有創造性，你們能做的我做不到。」1994 年秋，中國劇協組織戲劇家代表團赴台訪問，他很想同往，可是醫生不同意，他於是寫下「共同繁榮中華戲劇」的題辭，贈給彼岸的同行。當時他心裏是想著身體好了再訪寶島的，可現在這已成爲永遠的遺憾。

如果說簇擁著的鮮花和榮譽，只是外在的東西，那麼最令曹禺欣慰的還是女兒們事業的成功。曹禺有三個女兒，大女兒方黛是他與第一位太太鄭秀在重慶生的孩子。由於性格的差異和感情裂痕的一步步加劇，1950 年曹禺與鄭秀在北京離婚。不久，曹禺與他「所愛的朋友」，也是《北京人》中愫方的原型 —— 方瑞，有情人終結良緣，生了二女兒萬方和小女兒。方瑞沒能熬過那最艱難的歲月，在 1974 年含恨去世。方瑞的去世，曾使曹禺的心情壞到極點。有一段時間，總是一個人呆呆地守著空落落的房間，不

思不想，守候著無盡的長夜。在那些日子裏，只有女兒成了他唯一的希望和寄託。1979年，劫後餘生共同命運將曹禺和著名的京劇演員李玉茹結合到了一起。與李玉茹的美滿結合和女兒們的長大立業，是曹禺晚年最大的快慰和安樂。

　　幾個女兒中，曹禺對二女兒萬方是青眼有加的，他的絕筆之作就是爲萬方的小說集《和天使一起飛翔》作的序。可是要說曹禺如何精心培養萬方成爲一個作家，卻又大謬不然。萬方小的時候，曹禺非常希望她將來成爲一名科學家，或者是醫生，但都落空了。等到曹禺爲女兒寫序時，他已衷心地感到，女兒當作家是一件好事，因爲這是她喜歡做的。他在〈序〉裏說，「人在生下來的時候可能就有一些事物是他所親近喜愛的，如果後來她做了別的，那總有一種遺憾，而萬方應該說是幸運的，她終於做了符合她的天性的事。」

　　曹禺也承認，在他的女兒中，萬方是比較像他的一個，所以她成了寫東西的人。這種女承父業的相像，可能倒不在手把手地教導，而在於一種天生的精神上的契合，在於一種潛移默化的影響。很久以前，父女倆曾在東湖邊釣魚，坐了一下午，父親釣上來一枝枯樹枝，四歲的女兒講了一個魚的一家的故事，後來就弄了一個小本子，專門用來記錄女兒的「佳句」，這可能就是萬方最初的「創作」。由於工作的關係，曹禺常常帶女兒去看戲。《雷雨》第三幕的電閃雷鳴把萬方嚇哭了，曹禺只得帶女兒們回家。他還憑他的想像帶萬方去聽殷承宗的鋼琴演奏會。女兒聽不出什麼，只記得彈鋼琴的人的嘴一直在咀嚼什麼東西，就問爸爸，「他吃什麼呢？」曹禺告訴她，他什麼也沒有吃，他並不知道自己的嘴在動，那只是一種習慣。年幼的萬方當時很奇怪，以後才慢慢理解

了。小時候，萬方的作文常常得到老師的表揚，回家念給爸爸聽，曹禺從沒幫她修改過。等她長大，也開始寫些東西，可從不把寫的東西在發表前拿給曹禺看，曹禺也不要求看。發表之後他看到了，見到女兒會費點心思說兩句好話，似乎並不覺得女兒寫得真好。只是在看了萬方寫的中篇小說《殺人》以後，才興奮又感慨地說：「小方子，你真的行，你可以寫出好東西。」曹禺是對女兒的小說真滿意了，真看出好來了。曹禺曾經擔心女兒會是一個比較專注自己內心的作者，現在他不擔心了，萬方能夠寫完全不是她的東西，極不相同的人和生活，可以說她具有了創作的悟性和本領。這使曹禺十分快慰。

　　知子莫若父。曹禺對萬方的評價是精確的，評論界對萬方作品的讚譽已經證明瞭這一點。反過來，對父親曹禺的理解，萬方也有常人無法達到的體悟。當年與父親合作改編電影《日出》大獲成功，很大程度上要歸因於這種獨特的體悟。曹禺曾經在醫院病房與病魔搏鬥了整整八年。萬方陪侍病榻，與父親同感覺、共命運，這種體悟更加深刻，記錄下許多珍貴的片斷。曹禺喜歡坐在醫院寬大的陽臺上曬太陽，「稀疏的灰白的頭髮在陽光裏顯得乾枯而脆弱。而他臉上的神色是那樣安祥。……於是我注視著他，同時我能感覺到他的夢。他的一生在這一刻就像夢一樣，又真實又虛幻。他確實坐在那兒，但是在他的夢裏。那是一個他自己也說不出是什麼樣的夢。總之很有份量。……我說不清，但這就是我的感覺。我的爸爸老了，他因為病而沒有力氣思想了，這樣一種夢就成了他的思想，帶著他，帶著他缺乏力氣的身體，靜悄悄地漫遊。」萬方對父親的評價是這樣的：「我爸爸是極豐富的人，極複雜的一個人。他一生不追求享樂，他很真誠。他有很多缺陷

與弱點，但是他沒有罪孽。」

　　十分有意思的是，萬方與父親曹禺不僅有著精神心靈上的契合，甚至還有一點經歷上的相似。當年，23 歲的曹禺寫出《雷雨》後，把劇本交給了好朋友章靳以，靳以把劇本放在放在抽屜裏，放了一年多，曹禺也沒問他。萬方問過曹禺，「靳以叔叔怎麼會沒看？」曹禺說：「他可能是忘了，他就是那樣。」後來巴金發現抽屜裏的劇本，看了，激動得落下了眼淚，把四幕《雷雨》一次性全部刊登在《文學季刊》上。作爲戲劇大師的曹禺從此登上了文壇。幾十年以後，萬方的第一篇小說也是發表在巴金主編、巴金女兒李小林主持工作的《收穫》雜誌上。在小說集《和天使一起飛翔》中，有四個中篇，即《殺人》、《珍禽異獸》、《未被饒恕》和《和天使一起飛翔》都是發表在《收穫》上，得到過李小林中肯的意見。這不失爲一段頗具意味的文壇佳話。

　　很多年來，曹禺一直爲沒能再寫出「大東西」而痛苦，現在他終於放下了這份痛若。其實，曹禺應該是欣慰多於痛苦。他在舞臺上播灑了一輩子的陽光，他的光明早已照徹讀者的心扉。女兒萬方不僅做了「符合她天性的事」，而且在把他的未竟事業發揚光大，這不正是曹禺所企盼和所快慰的事嗎？我想，女兒萬方的每一份成功、每一個喜悅，都會隨著那飛翔的天使，帶到天國，帶到父親的身旁，伴隨著父親　，直到永遠。

點燃彼此的期待

　　成立於辛亥革命前後的著名文學社團 —— 南社，開啓一代文風，在中國民主革命史和近代文學史上有著重要地位。其活動延續近三十年，會員遍及全國各地（其中頗多知名人士），規模之大，史無前例。即使如此，南社現今也已漸漸退隱於歷史的時空隧道之中，與現代人是越來越遠了。對於現代人來說，南社及其生存於其間的歷史紛紜、世變滄桑，似乎已渺不可及。只是在研究者的筆下、在塵封的《南社叢刻》中，人們才依稀觸摸到那段歷史的真實。在這方面，柳亞子先生的哲嗣柳無忌先生功不可沒。當年柳亞子與陳去病、高旭等人雅集於蘇州虎丘塔下，創立南社時，也許並沒有想到自己的兒子柳無忌在血脈承傳的同時，也會將南社精神澤被久遠。

　　柳無忌生於 1907 年，是目前尚在世的極少數南社成員之一。當然，他所加入的是 1923 年柳亞子與葉楚傖、邵力子等人發起組織的新南社。他早年就讀於清華大學，後留學美國，在耶魯大學獲英國文學博士學位。1931 年赴歐州深造，一年後歸國，歷任天津南開大學、長沙臨時大學、昆明西南聯合大學、重慶中央大學教授。1946 年應聘到美國講學，此後定居美國，先後在羅林斯大學、耶魯大學、匹茲堡大學、印第安那大學任教，一生主要從事教育事業，桃李滿天下。他的文學活動開始於二十年代，此後一直潛心於中外文學研究，致力於詩歌和散文的寫作，主要著作有

中文 14 種、英文 9 種、英譯中 5 種、編選 14 種以及中英文章百餘篇，成為飲譽中外的著名學者和作家。

　　柳無忌在本世紀前半葉的主要活動是和南開大學及西南聯大分不開的。1932 年，柳無忌以二十六歲的年齡就任南開大學英文系教授，成為創立英文系的元勳之一。一年之後柳無忌主持系務，聘留美碩士唐晏、趙詔熊、司徒月蘭、羅皚嵐任教，加上著名學者、作家梁宗岱、羅文伯、張彭春、黃佐臨、段茂瀾等，陣容之強，堪與當時國內任何一所一流大學匹敵，南開英文系達到鼎盛時期。這於柳無忌本人，於南開大學都是值得回憶的一段輝煌。柳無忌就曾說過，南開的五年，「不僅為我教學生涯的開始，也給與我在世八十餘齡長期旅程中至今未能忘懷的最美滿、愉快、珍貴的經歷。」這些與他對隨後的西南聯大的記憶一起，伴隨著他再次遠涉重洋，度過了幾近半個世紀的時光。當他徜徉於夏威夷海濱，仰望湛湛的雲天，心中飄浮的也許就是這些美好的記憶？

　　單憑三、四十年代柳無忌在文學教育方面的成就，已足以讓人銘記。但是，僅僅這些，卻成就不了一個更具文化意義的柳無忌。自從 1946 年訪美，柳無忌就無意識地承擔起了中西文化交流的重任，成為一個中西文化交流的民間使者。柳無忌做了兩件意義非同尋常的事情：一是印第安那大學創辦東亞系，在北美培養了一批從事中西文化的交流和比較研究的人材。作為中西比較文學的重要開拓者之一，厥功至鉅；二是出版了英文著作《中國文學新論》(*An Introduction to Chinese Literature*)，打破了所謂古代、現代、當代的分期，把中國文學作為一個整體介紹給西方，顯示出中國文學的整體意義。這本基礎性的通論在北美造成了廣

泛的影響。漢學在海外的延續與發展，一批傑出的華裔學者擔當了十分重要的角色。所謂延續和發展，既指空間上的傳播，更指深度上的開掘。世界對中國的瞭解，對中國文學、中國文化的瞭解，很大程度上要歸功於像柳無忌這樣一些著名的華裔學者。他們的學術活動，他們對中國文化的理解，已經而且還將繼續對西方世界認識中國文化產生巨大的影響。

　　也正是在這個意義上，柳無忌晚年不遺餘力地宣導和投入的南社研究，就具有了更爲廣泛的文化意義。柳無忌青少年時代就隨父親參加南社和新南社的活動，還協助父親一起編出了第一部《蘇曼殊年譜》和《蘇曼殊全集》。但自 1946 年赴美，柳無忌再未得與父親見面。1950 年，柳亞子曾爲柳無忌一家返國一事，與南開大學多次磋商，但由於種種原因，終於沒有成行。1946 年的在滬一別，竟成永訣。1958 年得悉父親逝世噩耗，柳無忌十分悲痛，曾剃成平頂頭，以志追悼。1981 年 9 月，柳無忌偕夫人第二次返國，參加辛亥革命七十周年紀念活動，與有關方面談妥了《柳亞子文集》的編印出版事宜。1983 年，柳無忌編寫的《柳亞子年譜》、《柳亞子文集·南社紀略》分別由中國社會科學出版社和上海人民出版社出版。《柳亞子文集》的其他幾種也開始陸續出版。1987 年 5 月，柳無忌歸國參加「柳亞子誕辰百周年紀念會及南社發起成立八十周年學術討論會」。柳無忌在這次會議上發表簡短講話，認爲此次會議實爲南社與柳亞子研究的開始，倡議成立一個全國性的學會，繼承與發揚南社的學術遺產。此後，在柳無忌的倡議下，各種南社研究的學術團體相繼成立。1989 年，柳無忌組織發起的「國際南社學會」在美國正式成立，柳無忌任主席。它吸引了港臺、新加坡、澳大利亞以及東西歐學者，以推動南社研

究，「填補南社在國際漢學研究中的空白」為目標，並出版《通訊》和《叢刊》，籌印《國際南社學會叢書》，與上海「南社聯誼會」洽商，開展《南社辭典》、南社史話和南社文學史的編纂工作。1990年，「中國南社與柳亞子研究會」在北京正式成立，柳無忌、屈武、趙樸初等被推舉為名譽會長。同年，由柳無忌捐資資助的專門性學術刊物《南社研究》和國際南社學會與中國人民大學出版社合作出版的《南社叢書》開始啓動。南社研究從此進入了一個嶄新的階段。柳亞子地下有知，當也會撫髯稱慶吧。

柳無忌是柳亞子的長子，柳亞子與夫人鄭佩宜還生有二女。長女柳無非，1911年生於故鄉江蘇吳江黎里鎮。1930年大同大學文預科畢業後，即去美國留學，1933年回國。1934年結婚後，除教過一陣小學英語外，一直沒有參加工作。1978年後，曾被推舉為北京市政協委員、全國政協委員，中國民主促進會中央委員。現居北京。次女柳無垢，1914年生於吳江黎裏。1932年考入清華大學社會學系，1935年赴美，入佛州羅林斯大學社會學系，完成大學學業。1939年到香港參加宋慶齡主持的保衛中國同盟的工作。1941年後曾做教師，課餘從事文學翻譯。1944年起進美國戰時情報局和美國總領事館工作。1949年9月，隨宋慶齡到北京，11月進外交部工作。1963年逝世，終年49歲。

一緣一劫綴花枝

　　六、七十年前，曹聚仁已是名動上海灘的著名學者、教授、作家和記者。可是，由於歷史的誤會，這個名字卻被歷史的煙塵所阻隔，在海峽兩岸同時被淡漠多年。直到八十年代，這個一生勤於筆耕，著作等身的「謎樣的人物」才重新被提起，他的遺著也紛紛重版。我們為能夠重讀那些學識淵博、文筆曉暢、在歷史與現實之間自由穿行的文字而感到慶倖，也為他一生傳奇、半世滄桑而感慨唏噓。

　　曹聚仁是世紀的同齡人，1900 年出生於浙江金華山北蔣畈村。他自稱「金華佬」、「土佬兒」，而他一生中最重要的兩個地方卻是上海和香港。1921 年，曹聚仁來到上海。1922 年，22 歲的曹聚仁筆錄章太炎的演講，出版《國學概論》，一時名聲大噪，並由此成為章太炎的拜門弟子。23 歲，他以中等師範生的資格走上大學講壇，卻深受好評。此後十幾年，他教書、辦刊、寫文章，在上海生根發芽，成為知名的教授、學者和作家。1937 年，抗戰爆發，曹聚仁帶筆從戎，成為戰地記者。抗戰勝利後，他重回上海，再操舊業。1950 年，曹聚仁拋妻別子，隻身移居香港，繼續編報寫稿，筆耕不輟，並為兩岸交流熱情奔走。1972 年，曹聚仁病逝於澳門。縱觀一生，他在上海成家立業，又在香港進一步確立其名記者、名作家的聲名；他一生著述四千萬言，成書七十餘部，二十多部出版在上海，四十餘部出版在香港。

曹聚仁一生交遊廣泛。魯迅、周作人是他的朋友，邵力子是他的恩師，蔣經國是他的知交。他曾在贛南參與蔣經國的「新政」，並受蔣經國之托，創辦《正氣日報》，寫過《蔣經國論》。在大陸，他曾被奉為貴賓，毛澤東兩次接見，周恩來多次與其晤談。他似乎始終站在黨派之外，但卻始終不渝地深愛著這個國家。曹聚仁的著作在臺灣曾被列為「禁書」，在大陸，也曾被查封於海關。他常常遭人誤解，一度陷入左右夾攻的境地。事隔多年，他後半生致力於愛國統一的真相才大白於天下。他的執著追求與學識才華至此才構成一個統一的形象。而這都已是身後事了。

曹聚仁的婚戀頗為曲折。他曾經兩度結婚。1921 年，娶同鄉少女王春翠。五年後，生女兒阿雯，不幸六歲就夭折了。結婚十年，感情出現裂痕，曹聚仁與王春翠分手。但王春翠一生都沒離開曹家。她過繼了曹聚仁的侄子，撫育後代，教書、務農、侍奉婆母，後來終老在浙江老家。曹聚仁與她也一直保持著聯繫。

1934 年，曹聚仁在上海務本女中教書，邂逅十八歲的高三女生鄧珂雲。四年後，她成了曹聚仁的妻子，也成為他生命中最重要的女人。她追隨他輾轉戰地，與他同甘共苦，為他生兒育女，並在他隻身赴港後，獨自把兒女拉扯成人。鄧珂雲育有二子一女。1940 年後長女曹雷，1945 年生長子景仲（小名平兒），1947 年生次子景行。抗戰結束後，曹聚仁也結束了顛沛流離的戰地記者生涯，一家人定居在上海。曹聚仁曾與妻子相約「永不離別」。兩情繾綣的浪漫悄悄褪去，剩下的是家常的祥和、安寧。白頭偕老，兒女成群，這也許是他們當年最大的心願了。「永不離別」的諾言給我們溢滿溫柔的想像。他們不可能想到，誓言將被打破，他們還會有相隔天涯的長別離。

　　1950 年曹聚仁隻身赴港，為的是給自己找一條出路，既能掙錢養家，又能為國效力。他當時或許的確沒有更好的選擇了。那年，他最大的孩子曹雷才十歲。1956 年到 1959 年，曹聚仁六度回訪大陸，一家人亦有短暫的團聚，然而總是聚散匆匆。不知不覺間，鄧珂雲膝下兩男一女已漸漸成年。曹聚仁在寫給女兒曹雷的家書中曾寫道：「我這個爸爸總算替你們找了一個最賢能的媽媽。」這其中自有感慨、慶倖、安慰，亦有讓人低迴的惆悵。更不幸的是，長子景仲不幸於 1970 年因公殉職。此時的曹聚仁已是七十歲的老人了，孤身在港，哀痛萬分，老淚縱橫地寫下了〈哭平兒〉。

　　曹聚仁留在世上的骨肉卻不止剩下的曹雷和景行這一子一女。他在香港鍾情於一個家道敗落淪落風塵的宦門之女，一度共同生活，生下兩個女兒。為懷念夭折的阿雯，取名思雯、憶雯。數年之後，兩個女兒隨母親去了美國。往事遂成斷線的風箏，杳不可尋。

　　曹聚仁依然孤身在港，晚景淒涼。而鄧珂雲也在大陸一度遭到批判。一家人相隔遙遠，無緣重聚。直到 1972 年曹聚仁在澳門病情惡化，在周恩來的幫助下，鄧珂雲才來到澳門，伴隨曹聚仁走完了他最後一個月。而他的一雙兒女 —— 曹雷和曹景行，卻未能見到父親的最後一面。

　　如今，鄧珂雲的一雙兒女都已步入中年，事業卓然有成。女兒曹雷是著名的電影演員和話劇演員，1962 年畢業於上海戲劇學院，六十年代因主演電影《金沙江畔》而嶄露頭角。文革中她沉寂多年，文革結束才又重登影壇，成為上海電影譯製廠的著名譯製導演和配言演員，參加譯製了不少影片。比如《國家利益》、《亞

瑟王》、《禁宮情妓》、《千年癡情》、《珠寶迷蹤》、《風塵舞姬》、《孤島奇情》等等。女婿李德銘，畢業於中國人民大學，後任上海人民廣播電臺的副臺長。小兒子曹景行，先在黃山務農，1978 年與其妻蔡金蓮一同考入上海復旦大學，1982 年畢業。曹景行後在香港《亞洲週刊》任編輯，頗有乃父遺風。蔡金蓮在香港中文大學任職。曹聚仁命運多舛，未能親見兒女的成長。如果他泉下有知，必定會爲兒女的成就和幸福而倍感欣慰。

　　死者長已矣。曹聚仁的親人從他逝世後，就一直致力於整理他的遺著，一方面是寄託哀思，一方面也是爲保存現代文化盡一份心力。曹夫人鄧珂雲女士致力於此直到 1991 年病逝。現在，他的女兒曹雷則全身心地繼續著母親未竟的事業。

　　雖然曹雷年幼時，父親就去了香港，然而萬水千山隔不斷父女的深情，她始終是父親鍾愛、牽掛的女兒。也許是因爲她畢竟是在父親身邊長到十歲，那時已是個懂事的孩子；也許是因爲曹聚仁兩度痛失愛女（除了阿雯，曹聚仁還有一個女兒霆，1945 年夭折於繈褓之中），曹聚仁把對女兒的疼愛全部寄託在曹雷身上。他曾在文章中提到，女兒初讀書時，他教她念辛稼軒的〈清平樂·茅簷低小〉，十多年後在北京重逢，女兒忽然對他主說：「爸爸，我懂得辛稼軒那首詞了！」（〈萬裏行記·瓢語〉）一家人聚少離多，或許始終不曾有過辛詞中田家生活的快樂，而傍燈教詩的日子卻已成爲父女倆銘刻心中的美好回憶。女兒成年，父女間時有書信往來，曹聚仁在信中仍不忘指點女兒立身處世的道理，可信中更多的是他的感悟和自剖。他是把女兒當作了貼心的知己，能夠理解他、體諒他的親人。

　　曹雷知道，對於一生辛勤著述的父親來說，讓他的作品流傳

世間就是對他最好的紀念。她曾陪母親遠涉重洋去美國，先後在哈佛、康乃爾、斯坦福大學找到了曹聚仁的不少遺著。其中如《章實齋先生評傳》、《古史討論集》的曹序，《現代文藝手冊》中的〈文藝學習導論〉等，在國內早已如廣陵絕響。自八十年代以來，曹雷與家人不僅為國內的曹聚仁研究者提供了大量的珍貴資料，還一起校訂出版了曹聚仁的著作《我和我的世界》、《聽濤室劇話》、《萬裏行記》、《中國學術思想史隨筆》、《書林新話》、《上海春秋》等等，計有數百萬字之多。

　　多年以前，曹聚仁在寫給曹雷的送嫁詩中有「一緣一劫綴花枝，緣劫相尋總是癡」的句子。緣劫相生，究竟什麼是福？什麼是禍？曹聚仁沒有想到，當年的一段師生戀情會演繹出一家人的悲歡聚散。這緣份帶給他們的是幸福還是艱辛？不管怎樣，這無疑是人間的善緣。相隔遙遠的親人始終初衷不改，點燃著彼此的期待。血脈相連的親情足以穿越一切的阻隔。這些年來，當曹雷埋頭整理父親的舊作時，她就穿越父親的文字，親近、撫慰著父親的靈魂；讀著這些文字，我們也就穿過歷史的煙塵，接觸到了一個生動、豐富、真實的曹聚仁！

後　　記

　　從我房間往遠方眺望，一抹鬱鬱蒼蒼的遠山就是著名的陽明山。剛抵臺北不久，張堂錡兄就開車接我，來到陽明山中一家幽靜的飯店，為我接風洗塵。落地窗外林木蒼翠，細雨霏霏，我們已躋身於那一抹蔥翠之中。也許是下雨的緣故，不大的店堂裏就我們兩個客人，清幽無比。那天堂錡兄提出要在臺灣為我出一本書，作為此次臺灣之行的紀念。我聽了既感動又欣喜。感動的是，現在臺灣的出版界並不景氣，我的書也不可能賺錢，而堂錡兄卻送出如此豐厚的「見面禮」。對讀書人來講，哪有比出版一本書更珍貴的禮物呢？欣喜的是，我客座東吳大學四個月，匆匆過客，好歹也能以此留下記憶了。

　　幾年前，我曾經給賈平凹主編的《美文》雜誌開過二年的專欄，都是一些讀書隨筆。這些讀書隨筆，加上其他書評隨筆類的文字，聚攏起來也有了十四、五萬字。我很驚訝，這些年不知不覺自己竟然寫過這麼多的隨筆類的文字。我花了幾天的時間，把這些文字重新分類整理，編成了這本《閱讀的鏡像》。我最不擅長取書名，絞盡腦汁，才想到了這麼一個書名。其含義無非有二，一是開卷有益，廣泛的閱讀才能形塑跨學科的視野。這些隨筆所涉甚雜，匯聚一集，正可以鏡鏡相映，互為闡發；二是它們寫於不同的時間，彼此映照，亦可見出自己早晚心力之差異。為了方便閱讀，我根據內容分成五輯。輯一討論的都是外國文學、思想、

哲學、歷史的著作，輯二關注的是當代小說（包括海外華裔作家）和散文，輯三則是一些學術性著作的評論和散記，輯四是回顧現代文學史上的一些著名刊物；輯五是一組人物印象，是多年前應堂錡等臺灣朋友之約，爲臺灣報刊寫的一組文章，除了個別地方外，我沒有作什麼修改，不避淺陋，一仍其舊，一併收在這裏，爲的是見證我們長久的友誼。

　　這本集子的問世，特別要感謝堂錡兄的美意和文史哲出版社社長彭正雄先生（我們都親切地稱他「彭老闆」）的無私支持。感謝賈平凹和《美文》的常務副主編穆濤兄，要不是賈平凹親筆來信約稿和穆濤兄的策劃催促，我也不可能開出專欄，寫出那麼多的讀書隨筆。還要感謝欒梅健、王堯、陳霖、朱小田、高琪等朋友的約稿和幫助，朋友們的情誼，同樣映現於閱讀的「鏡像」之中。

季進

2008 年 9 月 28 日於臺北外雙溪，

颱風「薔蜜」來襲，外面正是狂風暴雨。